LAS SIETE LEYES ESPIRITUALES DEL YOGA

Las siete leyes espirituales del yoga

Guía práctica para integrar cuerpo,
mente y espíritu

DEEPAK CHOPRA
Y DAVID SIMON

Título original: *The Seven Spiritual Laws of Yoga*

Traducción: Inmaculada Morales Lorenzo

© 2004, Deepak Chopra y David Simon
Publicado originalmente en 2004 por John Wiley & Sons, Inc.

Publicado por acuerdo con Hay House Ltd., Astley House,
33 Notting Hill Gate, London W11 3JQ, Reino Unido

De la presente edición en castellano:
© Gaia Ediciones, 2016
    Alquimia, 6 - 28933 Móstoles (Madrid) - España
    Tels.: 91 614 53 46 - 91 614 58 49
    www.alfaomega.es - E-mail: alfaomega@alfaomega.es

Primera edición: abril de 2017

Depósito legal: M. 8163-2017
I.S.B.N.: 978-84-8445-665-0

Impreso en España por:
Artes Gráficas COFÁS, S.A. - Móstoles (Madrid)

*Este libro está dedicado a los buscadores
de la unidad a través del tiempo y el espacio.*

Índice

Prefacio:
los cuatro yogas

A menudo, buscando una cosa, encontramos otra.

NEEM KAROLI BABA

LA PALABRA «YOGA» está relacionada con el término «yugo». El yoga es la unión del cuerpo, la mente y el espíritu, esto es, la unión de la individualidad con la inteligencia divina que rige el universo. El yoga es un estado de ser en el que los elementos y fuerzas que componen el organismo biológico mantienen una interacción armoniosa con los elementos del cosmos. En este estado, experimentas un mayor bienestar emocional, psicológico y espiritual, y notas que cada vez más tus deseos se cumplen de forma espontánea. En un estado de yoga —en unidad con el espíritu— tus deseos y los deseos del universo son uno. Al participar en el proceso de creación con el ser infinito, tus preocupaciones se desvanecen y comienzas a sentir una sensación de gozo. La intuición, la visión profunda, la imaginación y la creatividad florecen de forma natural, y se te revela el sentido y propósito de tu vida. Tomas decisiones correctas que te benefician tanto a ti como a las personas a quienes afectan. Cuando en el evangelio de Mateo Jesús afirma: «Mi yugo es suave y mi carga, ligera», está expresando el principio fundamental del yoga. Su inteligencia está alineada con la inteligencia cósmica y su voluntad, con la voluntad divina.

Tradicionalmente, existen cuatro formas de yoga: *jñana, bhakti, karma* y *raja*. El *jñana yoga* es el yoga del discernimiento y, por consiguiente, del conocimiento científico (al fin y al cabo, la ciencia es el conocimiento de las leyes de la naturaleza). Las leyes de la naturaleza son los pensamientos de Dios y la ciencia es el modo en que Dios explica a Dios a través del sistema nervioso humano. La ciencia no es un enemigo del despertar espiritual, sino un amigo potencialmente útil. En la actualidad, la ciencia nos revela el misterio de la no localidad en la que todo está instantáneamente correlacionado con todo lo demás y donde el tiempo, el espacio, la materia, la energía y la información se convierten en un campo de potencialidad pura, la esfera en la que el potencial inconmensurable de todo lo que fue, lo que es y lo que será se manifiesta y diferencia entre el espectador y el escenario, el observador y lo observado, el conocedor y lo conocido.

Las Upanishads hacen referencia al yoga del discernimiento como «el filo de una navaja» y nos advierten que hemos de transitar esta senda con cuidado. Una creciente comprensión de las leyes de la naturaleza conlleva el riesgo de caer en la arrogancia, la cual infla el ego, que a su vez eclipsa el espíritu. De este modo, la sincera búsqueda espiritual original conduce a un alejamiento de esa misma fuente que se pretendía conocer más a fondo.

Los científicos verdaderamente grandes se caracterizan por su humildad, ya que, a medida que exploran y desentrañan los secretos de lo desconocido, consideran este ámbito cada vez más amplio y misterioso. La humildad conduce al asombro y este, a la inocencia. El retorno de la inocencia nos invita a penetrar en el luminoso misterio de la vida y rendirnos a él.

El yoga del conocimiento puede ser un maravilloso camino si somos suficientemente maduros para comprender que existen seductoras tentaciones que pueden atraparnos por un tiempo como pasatiempos intelectuales.

El segundo tipo de yoga es *bhakti*, el yoga del amor y la devoción. *Bhakti* no solo constituye el amor a Dios, sino también la expresión y el florecimiento del amor en todas las relaciones. La luz divina reside en todo lo que está vivo e incluso en aquello que consideramos inanimado. A través de nuestras relaciones con los demás, descubrimos nuestro ser superior. Al embarcarnos en este viaje, podemos atravesar etapas de atracción y capricho, de comunión, de intimidad, de rendición, de pasión y de éxtasis, hasta que finalmente regresamos a la fuente del amor y de la vida.

Si bien el yoga del amor es un camino maravilloso, no debemos confundir el amor con el ensimismamiento, el engreimiento o el victimismo. Cuando prestas atención al amor, piensas en el amor, expresas amor, respondes a los gestos de amor y haces que el amor sea la base de todas tus decisiones, estás practicando *bhakti yoga*, el yoga del amor.

El tercer tipo de yoga se conoce como *karma yoga* y su expresión última es el reconocimiento de que toda acción pertenece al Ser Supremo. Cuando tu actitud interna parte de la creencia de que todas tus acciones proceden de Dios y pertenecen a Dios, eres un karma yogui. El diálogo interno de un karma yogui es el siguiente: «Soy un instrumento del ser infinito y eterno. Cada una de mis respiraciones y cada uno de mis actos son un movimiento divino de lo infinito. Mis pensamientos y mis acciones proceden del infinito y regresan a él». La verdadera práctica del *karma yoga* conduce a un desapego espontáneo de los resultados y al cultivo de la atención plena en la acción. Desde este nivel de conciencia, la acción no te ata, sino que te deja libre y te permite tomar conciencia de que eres un ser eterno que ha emprendido un viaje cósmico. Los karma yoguis no padecen ansiedad, porque no tienen preocupaciones: saben que es Dios quien actúa y se hace cargo de los resultados de las acciones.

El cuarto yoga recibe el nombre de *raja yoga* y constituye el tema principal de estas páginas. A menudo se describe como el camino real del yoga por tratarse de una senda rica en conocimiento y experiencia. Puede practicarlo cualquiera con un poco de entrenamiento.

El *raja yoga* es el camino de la unión a través de prácticas que favorecen la introspección. Su principio fundamental es la integración del cuerpo, la mente y el espíritu a través de técnicas que mejoran la coordinación del cuerpo y la mente. Dichas técnicas potencian el equilibrio, la gracia, la fuerza y el desarrollo de un estado interno de equilibrio incluso en medio del caos y la confusión; también mejoran la salud física y la claridad mental y agudizan los sentidos. Como resultado de estas prácticas, comienzas a experimentar una mayor vitalidad y mejora tu capacidad física y mental. Los raja yoguis disfrutan más de la vida, y el entusiasmo y la inspiración se convierten en una experiencia cotidiana para ellos.

El *raja yoga* te permite practicar las otras formas de yoga con mayor facilidad, naturalidad y alegría. Cuando te sientes vital, estable y centrado, se amplía tu capacidad y deseo de amar y de expresar compasión auténtica. Te hallas más preparado para rendirte a la voluntad divina y comenzar un viaje de conocimiento interminable.

Si tienes dificultad para encontrar a Dios, te animamos a comenzar a practicar los principios de este libro. Descubrirás que, lejos de ser esquivo, es imposible eludirlo, puesto que no existe ningún lugar en el que no esté presente.

Agradecimientos

ESTA OBRA HA SIDO ELABORADA con el amor de muchas almas queridas que comparten nuestro camino.

Deseamos expresar nuestra gratitud a nuestras amadas familias, por su afectuoso apoyo en todos nuestros proyectos: Rita, Mallika, Sumant y Tara, Gotham y Candice; Pam, Max, Sara e Isabel.

A Ray Chambers, Jose Busquests, Charley Paz y Howard Simon, por su firme apoyo a la misión del Chopra Center.

A Tom Miller y Kellam Ayres, el equipo editorial de John Wiley & Sons, por ayudar a que este libro alcanzara su máximo potencial.

A la dedicada plantilla del Chopra Center, que cuidan de las personas que vienen en busca de sanación y transformación: Bill Abasolo, Vicki Abrams, Leanne Backer, Catherine Baer, Paula Bass, Brent Becvar, Sanjeev Bhanot, Marina Bigo, Sandra Blazinski, Corrine Champigny, Janice Crawford, Nancy Ede, Kana Emidy-Mazza, Jeny Ephrom, Ana Fakhri, Ana Paula Fernandez, Patrick Fischer, Roger Gabriel, Lorri Gifford, David Greenspan, Emily Hobgood, Gwyneth Hudson, Jennifer Johnson, Alisha Kaufman, Kenneth Kolonko, Totiana Lamberti, Joseph Lancaster, Justine Lawrence, Anastasia Leigh, Summer Lewis, Asha MacIsaac, Tufani Mayfield, Jolene Monestier, Bjorn Nagle, Kelly Peters-Luvera, Jessica Przygocki, Carolyn Rangel, Felicia Rangel, Kristy Reeves, Sharon Reif, Anna Rios, Jayme Rios, Teresa Robles, Julian Romero, Nicolas Ruiz, Stephanie Sanders, Joella Shephard, Max Simon, Drew Tabatchnick, William Vargas, Katherine Weber, Dana Willoughby, Grace Wilson y Kelly Worrall.

A Clair Diab, por su liderazgo en el programa de formación de profesores de Las Siete Leyes Espirituales del Yoga.

A Omry Reznick, Claire Diab, Michael Fukumura, Roger Gabriel y Pam Simon, por hacer las fotografías que nos han ahorrado innumerables palabras.

A Geeta Singh, por llevar este mensaje alrededor del mundo.

A Lynn Franklin, por permitir que el presente libro llegue a los buscadores de la unidad de todos los continentes.

Introducción

La fuente en la que surgen y desaparecen el mundo y la mente
se conoce como la Realidad, la cual ni surge ni desaparece.

RAMANA MAHARSHI

«YO NO ESTOY EN EL MUNDO; el mundo está en mí»; esta atrevida afirmación de los yoguis de la antigüedad dio expresión a la verdad perenne de que el universo material, nuestro cuerpo físico y los pensamientos que alberga nuestra mente son expresiones de un ilimitado campo de conciencia subyacente. El «yo» de esa audaz declaración refleja la transformación que tiene lugar desde la identificación con un ego circunscrito en la propia piel, hasta una expansión espiritual. Los primeros exploradores de la conciencia trazaron una ruta que pudiéramos transitar: se trata de la senda del yoga, un camino que también nosotros seguimos.

La creciente aceptación de las prácticas y filosofías orientales en Occidente nos complace sobremanera; de hecho, nos dedicamos a compartir con otras personas nuestra comprensión y experiencia de las tradiciones de sabiduría védica y yóguica a través de libros, conferencias y talleres, pues estamos convencidos de que se trata de un conocimiento de valor universal. Así como nadie afirmaría que la gravedad es aplicable solamente en Inglaterra por ser Isaac Newton de nacionalidad británica o que la teoría de la relatividad de Einstein es relevante únicamente en Alemania, creemos que las profundas revelaciones obtenidas por medio del yoga son valiosas para todos los habitantes del planeta, independientemente de la edad, el género o el contexto cultural. Los principios del yoga no están limitados por el tiempo ni el espacio.

A medida que, cada vez más, los habitantes de nuestro mundo se consideran miembros de una comunidad global, las ideas rechazadas por todos hace treinta años, con la excepción de unos pocos intrépidos exploradores de los espacios internos, comienzan a resonar ahora en nuestra conciencia colectiva. Hasta hace poco tiempo, la sola mención del yoga y la meditación como elementos esenciales de un estilo de vida saludable suscitaba escepticismo e incluso burla. Pero los conceptos que pueden mejorar nuestra vida acaban integrándose en nuestra conciencia. Parafraseando al gran filósofo alemán Arthur Schopenhauer, toda gran idea atraviesa tres fases antes de ser aceptada. En la primera fase es rechazada, en la segunda es ridiculizada, y en la tercera, se la considera un hecho evidente. Pues bien, la inestimable aportación del yoga al cuerpo, la mente y el espíritu es cada vez más obvia para una «masa crítica», no solo en Norteamérica, sino también en el resto del mundo.

Nuestra relación con el yoga comenzó hace más de treinta años, y enseguida nos percatamos del valor de alternar *asanas* (posturas de yoga), *pranayama* (ejercicios de respiración) y meditación para estabilizar la conciencia durante largos períodos de silencio. Con «La seducción del espíritu», el curso intensivo de meditación que llevamos a cabo dos veces al año en el Chopra Center, somos testigos una y otra vez de los beneficios que aporta a los participantes el movimiento consciente, al dirigir la atención hacia el interior durante varias horas al día. Este libro es el resultado de nuestra experiencia personal y la de miles de asistentes a nuestros cursos.

La información y las prácticas aquí presentadas te ofrecen un camino para tomar mayor conciencia de la relación existente entre la individualidad y el mundo. Nuestro planeta necesita sanación y transformación; debido al explosivo crecimiento demográfico, la huella humana en el planeta es cada vez mayor. Las personas que conocen la relación entre las decisiones individuales y colectivas no pueden dejar de lado las cuestiones de justicia social, las desigualdades económicas, las alteraciones en la ecología o los conflictos culturales. En ocasiones, los retos de nuestra época pueden parecer abrumadores y más allá de la influencia de la intención individual; creemos, sin embargo, que cada uno de nosotros tiene la oportunidad de contribuir a construir un mundo mejor a través de las decisiones personales que tomamos cada día. Por medio del programa «Las siete leyes espirituales del yoga» obtendrás una mejor integración del cuerpo y la mente y desarrollarás la práctica de mantener el equilibrio y la flexibilidad ante los desafíos. También fluirán mejor la creatividad y la intuición, y cobrarás conciencia de cómo los pensamientos, las palabras y las acciones individuales ejercen una influencia en el entorno y viceversa. Al ser más consciente, contribuirás al despertar colectivo de la conciencia en el mundo.

La labor que llevamos a cabo en el Chopra Center está basada en el principio de que la conciencia es la fuerza fundamental del universo. La conciencia origina el pensamiento y este da lugar a la acción. Todos los cambios comienzan con una toma de conciencia: de la situación actual, del potencial de lograr algo más grande, y de la creatividad ilimitada presente en cada uno de nosotros para catalizar esa transformación que deseamos tanto para nosotros como para las generaciones venideras.

No hace mucho tiempo parecía descabellado que se prohibiera fumar en los espacios públicos y que la industria del tabaco patrocinara anuncios que nos disuadan de fumar, pero este cambio de conciencia tuvo lugar cuando una masa crítica decidió no seguir tolerando una conducta que resultaba perjudicial para muchos y beneficiaba solamente a unos pocos. Del mismo modo, es previsible que a medida que aumenten las personas que modifiquen su actitud interior y se planteen «¿cómo puedo ayudar?» en lugar de «¿cómo puedo sacar provecho de esto?», iremos siendo testigos de una creciente responsabilidad individual y colectiva en relación con las decisiones de las que depende el futuro del planeta. Tenemos la esperanza de que, gracias a los cambios que experimentes con la práctica del programa «Las siete leyes espirituales del yoga», no podrás resistir el impulso de contribuir a la sanación y transformación de la humanidad y del mundo.

La respuesta inicial a este programa ha sido tan entusiasta que hemos desarrollado un curso de formación de profesores para aquellos interesados en llevar estos conocimientos y prácticas a sus comunidades. Tanto los principiantes como los instructores de yoga experimentados de todo el mundo están aprendiendo a transmitir a otras personas los principios y métodos que les permiten aplicar la honda sabiduría del yoga a la vida cotidiana. Serás bienvenido si, tras experimentar por ti mismo el poder transformador de este programa, deseas compartir este conocimiento con los demás. Juntos podemos recordar a los miembros de nuestra familia global que cada uno de nosotros tiene la capacidad de contribuir a la paz y la armonía del mundo despertando estas cualidades en su interior.

Con amor,
Deepak y David

Parte I

LA FILOSOFÍA
DEL YOGA

1
El yoga es unión

Sin conocernos a nosotros mismos, no podemos
trascender la mente.

JIDDU KRISHNAMURTI

L A PROLIFERACIÓN EN OCCIDENTE de clases de yoga y de centros que las imparten hace honor a su incuestionable capacidad de aumentar el bienestar físico. En diversas ciudades de Norteamérica, Europa y Australia, los centros de yoga ofrecen a los alumnos una amplia variedad de estilos y técnicas diseñados para mejorar la forma física. Las posturas de yoga pueden incrementar la flexibilidad, fortalecer los músculos, mejorar la postura y potenciar la circulación sanguínea; de hecho, algunos programas deportivos que abarcan desde la gimnasia hasta el fútbol han integrado el yoga en el entrenamiento por constituir un enfoque sistemático para el estiramiento de músculos, tendones y articulaciones. Los entusiastas del mantenimiento físico suelen quedar gratamente sorprendidos por la rapidez con la que mejoran el tono muscular y la postura tras incorporar el yoga a una rutina de ejercicios.

Aunque la práctica del yoga solo proporcionara estos beneficios físicos, quedaría totalmente justificado el lugar que ocupa en nuestras vidas; sin embargo, en esencia, el yoga es mucho más que un sistema que promueve el bienestar físico: es también una ciencia que enseña a vivir de forma equilibrada, un camino que permite el pleno desarrollo del potencial humano. En estos tiempos convulsos, el yoga nos proporciona un ancla que nos conecta a un ámbito más sereno de la existencia y nos permite mantener la conexión con nuestra humanidad en un mundo moderno y tecnológico. Nos enseña a mantenernos centrados en medio de la agitación.

El propósito fundamental del yoga es la integración de todas las esferas de la vida: ambiental, física, emocional, psicológica y espiritual. El término «yoga» se deriva de la raíz sánscrita *yuj*, que significa «unir», y está relacionado con el vocablo «yugo». El granjero que unce dos bueyes para tirar del arado está llevando a cabo una acción que apunta al núcleo de la experiencia espiritual. En esencia, el yoga significa unión: la unión del cuerpo, la mente y el alma; la unión del ego y el espíritu; la unión de lo mundano y lo divino.

LAS SIETE LEYES ESPIRITUALES EN ACCIÓN

El programa «Las siete leyes espirituales del yoga» te potenciará la vitalidad, eliminará los bloqueos emocionales de tu corazón y te suscitará alegría y entusiasmo por la vida. Desde su lanzamiento en 1994, el libro de Deepak *Las siete leyes espirituales del éxito* ha mejorado la vida de millones de lectores de todo el mundo. A través de siete principios fáciles de entender, dicha obra sostiene que la armonía, la felicidad y la abundancia están disponibles para cualquiera que desee enfocar la vida de un modo consciente; pues bien, nuestro programa de yoga incorpora estas siete leyes mediante los principios y técnicas de una práctica fundamentada en la conciencia.

Nos alegra que el yoga sea cada vez más popular en Occidente. Incluso si la razón principal para acudir a una clase de yoga es adelgazar o tener un cuerpo más musculoso, obtendrás otros beneficios sutiles como una mayor vitalidad y una visible reducción del estrés. El yoga es un sistema práctico cuyo objetivo es el despertar del potencial humano; no es necesario que creas en una serie de principios para cosechar sus frutos, más bien al contrario: su práctica regular desarrolla de forma natural un saludable sistema de creencias basado en la experiencia directa del mundo a través de un sistema nervioso más flexible. Si te animas a practicar posturas de yoga regularmente, verás cómo cambian tu mente y tus emociones.

El yoga constituye un elemento central del exhaustivo sistema de filosofía india conocido como ciencia védica. Con raíces en la civilización que se desarrolló en el valle del Indo hace más de cinco mil años, los Vedas contienen revelaciones de los sabios iluminados sobre los orígenes del universo y la evolución de la vida expresadas de forma poética. El término inglés *wisdom* se deriva de la palabra del protogermánico *wid*, que significa «conocer»; a su vez, *wid* procede de la voz sánscrita *Veda*, cuyo significado es «conocimiento externo». Los Vedas son una expresión de la sabiduría perenne, siendo el yoga el aspecto práctico de la ciencia védica. Se trata de un sistema a través del cual los seres humanos podemos acceder directamente a la sabiduría de la vida. Los practicantes de yoga —los «yoguis»— constituyen fuerzas dinámicas y creativas que favorecen el cambio positivo. Un yogui sabe que si bien su mente y su cuerpo se hallan en un mundo en constante transformación, su esencia —el alma— reside en una dimensión que está más allá de todo cambio.

El programa «Las siete leyes espirituales del yoga» está dirigido a todas aquellas personas que deseen ahondar en su práctica de yoga, usando su cuerpo para acceder a niveles más profundos de su mente. Este es el reconocido valor del yoga: nos permite cultivar un estado interno de equilibrio que no puede ser alterado por la inevitable agitación de la vida.

LAS DIMENSIONES DE LA EXISTENCIA

El ser humano es un ser complejo y polifacético que presenta múltiples aspectos, aunque el modelo científico occidental tienda a reflejar la visión mecanicista newtoniana de la vida que ve a los individuos como entidades físicas, máquinas biológicas que han aprendido a pensar. Pese a que casi hace un siglo los descubrimientos de la física cuántica revelaron que el modelo material de la vida es incompleto, la medicina y fisiología modernas continúan considerando que el ser humano está compuesto principalmente de moléculas.

Según esta perspectiva eminentemente física, si estás deprimida no es a causa de la ira y el resentimiento acumulados debido a la aventura de tu marido con tu mejor amiga, sino que es resultado de niveles inadecuados de serotonina en el cerebro y, de este modo, la depresión desaparecerá aumentando el nivel de este neurotransmisor por medio de inhibidores selectivos de la recaptación de la serotonina. Si tienes la presión arterial alta, no es a consecuencia del estado de tensión constante que experimentas debido a un jefe exigente, sino que es resultado de niveles excesivos de angiotensina, de manera que podrás normalizarla tomando un inhibidor de la enzima convertidora de angiotensina; y si padeces de insomnio, no se debe a la enorme deuda que acumula tu tarjeta de crédito, sino a que tu cerebro no produce suficientes concentraciones de ácido gamma-aminobutírico y, por consiguiente, dormirás como un bebé una vez el medicamento correspondiente haya corregido esa deficiencia.

Si bien este enfoque materialista puede resultar extraordinariamente eficaz en el alivio de los síntomas a corto plazo, por desgracia rara vez promueve una mayor comprensión de la vida, casi nunca conduce a la sanación y la transformación, y los efectos secundarios de los medicamentos limitan el bienestar de los pacientes.

Al ampliar la visión de la existencia más allá de una perspectiva puramente biológica, el yoga nos recuerda que vivimos en varios niveles simultáneos. La esencia del yoga es encontrar la unidad en la diversidad de nuestra multidimensionalidad. A través de los siglos, los grandes maestros de yoga han desvelado a sus contemporáneos la fascinante paradoja de que aunque para la mente y los sentidos sensoriales el mundo constituye una experiencia en constante transformación, desde la perspectiva del espíritu, la infinita diversidad de formas y fenómenos es simplemente el disfraz de una realidad inmutable subyacente.

ADI SHANKARA, EL SABIO DE SABIOS

Uno de los maestros más influyentes de la filosofía védica y del yoga fue el sabio del siglo IX Adi Shankara. Considerado el mayor difusor de la ciencia védica, explicó con detalle las dimensiones vitales que ocultan el ser espiritual esencial. Nacido en el año 805 d. C., se dice que cuando contaba con un año de edad ya tenía fluidez en sánscrito y que a los ocho años dominaba toda la literatura sagrada. Comenzó a escribir sus propios comentarios sobre los Vedas con quince años y ya era reconocido como la principal autoridad del yoga cuando cumplió los veinte años. Estableció centros de saber por toda la India con un objetivo: ayudar a los seres humanos a superar el sufrimiento por medio de la sabiduría. Su enfoque sobre la verdad se denominó *advaita*, que significa «no dualidad». La esencia de sus enseñanzas reside en la existencia de un campo de inteligencia subyacente que se manifiesta como la multiplicidad de formas y fenómenos que llamamos el universo físico.

Resulta de utilidad reconocer los disfraces con los que se atavía la conciencia para poder ver la realidad que se oculta tras ellos. A este gran juego del escondite juega con nosotros el espíritu. El campo de conciencia no local origina el mundo sensorial que eclipsa nuestra experiencia de una unidad de fondo. En un momento dado, nos percatamos de que, por sí solo, el mundo sensorial no puede aportarnos paz ni felicidad verdaderas, de modo que comenzamos el viaje de destapar esos velos que esconden nuestra naturaleza esencial ilimitada. Shankara los llamó *koshas*, que significa «envolturas», y los clasificó en tres categorías: el cuerpo físico, el cuerpo sutil y el cuerpo causal; o dicho de otro modo: el cuerpo, la mente y el alma. Vamos a explorar cada una de estas categorías principales y sus tres envolturas secundarias.

Las dimensiones de la existencia

EL CUERPO FÍSICO: EL CAMPO DE MOLÉCULAS

El plano físico consta de un cuerpo extendido, un cuerpo personal y un cuerpo energético. El cuerpo extendido es el entorno, que contiene un flujo de información y energía disponible de forma ilimitada. Cada sonido, sensación, visión, sabor y aroma que captas del medio afecta a tu cuerpo y a tu mente. Aunque los sentidos te indiquen lo contrario, no existe un límite claro entre el cuerpo personal y el cuerpo extendido, los cuales mantienen un intercambio dinámico y constante. Cada inspiración y cada espiración son un recordatorio del diálogo ininterrumpido que tiene lugar entre tu cuerpo físico y el ambiente.

Esta toma de conciencia exige que te responsabilices de lo que le sucede al medio ambiente. Tu condición de yogui te convierte en ecologista, pues reconoces que existe una estrecha relación entre el agua que fluye por los ríos que atraviesan los valles y el agua que fluye por tus venas; que la respiración de un vetusto bosque y tu respiración más reciente están inextricablemente entrelazadas; que la calidad de la tierra en la que se cultivan los alimentos que consumes se halla en conexión directa con la salud de tus órganos y tejidos; así pues, tu entorno constituye tu cuerpo extendido: estás completamente conectado con tu ecosistema.

Naturalmente, posees un cuerpo personal compuesto de moléculas que componen temporalmente tus células, tejidos y órganos. Se trata de un proceso temporal porque aunque parezca que el cuerpo es sólido y constante, en realidad está cambiando constantemente. Existen estudios científicos que demuestran de forma convincente que el 98 por ciento de los diez mil cuatrillones (10^{28}) de átomos del cuerpo son remplazados cada año. El recubrimiento del estómago vuelve a crearse aproximadamente cada cinco días; la piel se regenera cada mes, y las células hepáticas se renuevan cada seis semanas. Aunque parezca que el cuerpo es fijo y estable, está en constante metamorfosis.

La gran mayoría de las células del cuerpo son fruto de los alimentos que ingieres. Teniendo esto presente, Shankara llamó al cuerpo físico *annamaya kosha*, que significa «la envoltura hecha de alimento». A fin de crear y mantener un cuerpo saludable, los yoguis prestan atención a los alimentos que consumen: minimizan la toxicidad y potencian al máximo los nutrientes. Se dice que ciertos alimentos son especialmente propicios para un estilo de vida yóguico; tales alimentos se conocen como sátvicos, lo cual significa que contribuyen a la pureza del organismo. Los cuatro alimentos sátvicos ensalzados por los yoguis son las almendras, la miel, la leche y el *ghee* (mantequilla clarificada). Tomar una dosis diaria de estos alimentos beneficia al cuerpo, la mente y el alma de cualquier persona dedicada a ampliar la integración entre la mente y el cuerpo. Con objeto de favorecer el esclarecimiento de la relación existente entre el cuerpo extendido y el cuerpo personal, conviene consumir únicamente productos lácteos ecológicos.

Shankara denominó la tercera envoltura del cuerpo físico *pranamaya kosha*, que significa «la envoltura hecha de energía vital». Existe una diferencia entre las células de un cadáver y las de un ser vivo; el principio organizador que vivifica las sustancias bioquímicas recibe el nombre de *prana*. Existen cinco sedes de *prana* en el organismo localizadas en la cabeza, la garganta, el corazón, el estómago y la pelvis; estos centros de movimiento gobiernan el flujo de la fuerza vital por todo el organismo. Cuando el *prana* se mueve libremente por las células y tejidos, la vitalidad y la creatividad aumentan. Los ejercicios de respiración yóguicos, conocidos como técnicas de *pranayama*, están diseñados para despertar y purificar la energía vital corporal. Exploraremos estos potentes métodos en el capítulo 4.

El cuerpo sutil: la esfera mental

La mayoría de la gente se identifica con su mente, su intelecto y su ego, que son componentes del cuerpo sutil. El filósofo francés del siglo XVII René Descartes es famoso por la afirmación «*Cogito, ergo sum*», que significa «Pienso, luego existo». Si bien seguimos pensando que somos nuestra mente, Shankara nos anima a considerar los elementos del cuerpo sutil como simples envoltorios del alma.

De acuerdo con este esquema, la mente es un depósito de impresiones sensoriales. Cuando escuchas un sonido, percibes una sensación, contemplas una visión, degustas un sabor o hueles una fragancia, las experiencias, sensoriales se registran en la conciencia en un nivel denominado *manomaya kosha*. La mente atraviesa diferentes estados de conciencia cíclicamente y las experiencias sensoriales varían con estos estados cambiantes. Las impresiones que llegan a tu conciencia durante el estado de vigilia son diferentes de las generadas al soñar. El yoga nos recuerda que la realidad se muestra distinta dependiendo de los diferentes estados de conciencia o los diversos filtros del estrato mental.

La segunda envoltura del cuerpo sutil es el intelecto, conocido como *buddhimaya kosha*. Se trata del aspecto de la mente que utiliza el discernimiento. Cuando estás tratando de decidir qué pasta de dientes comprar, qué pareja elegir o qué casa adquirir, tu intelecto está trabajando intentando valorar las ventajas y desventajas de cada elección. Esta envoltura integra la información basada en tus creencias y sentimientos para llegar a una decisión. Según el yoga, el propósito último del intelecto es distinguir lo verdadero de lo falso. Lo primero es aquello que no puede extinguirse; por el contrario, lo segundo es cualquier cosa que tiene un principio y un final. La esencia del yoga es la distinción entre lo real y lo irreal.

El ego constituye la tercera envoltura del cuerpo sutil. En el yoga es conocido como *ahankara*, que significa «aquello que forma la noción del yo». De acuerdo con Shankara, el ego es ese aspecto de tu ser que se identifica con la posición y las posesiones que tengas en la vida. Es, en última instancia, tu autoimagen, el modo en que deseas proyectar quién eres tanto a ti mismo como al mundo.

El ego es el creador de límites que trata de imponer su propiedad a través de conceptos como «yo», «me», «mi» y «mío». El ego busca seguridad por medio del control y a menudo tiene una arraigada necesidad de aprobación. La mayor parte del dolor emocional es resultado de un ego ofendido porque algo que creía controlar, en realidad, escapa a su control.

Si bien es fácil desorientarse en este terreno, debido al apego a los papeles, las relaciones y los objetos, Shankara nos anima a seguir avanzando. Dejar de identificarte con el cuerpo y la mente te abre a la posibilidad de experimentar un aspecto de tu ser que está más allá de tus limitaciones habituales. Se trata de la dimensión espiritual, a la que Shankara llama el cuerpo causal.

EL CUERPO CAUSAL: LA ESFERA DE LA POTENCIALIDAD PURA

El yoga sostiene que tras el campo de moléculas al que llamamos cuerpo físico y el campo de pensamientos que recibe el nombre de cuerpo sutil, subyace el ámbito conocido como cuerpo causal o dimensión espiritual. Aunque esta esfera de la vida no es perceptible ni mensurable, origina nuestros pensamientos, sentimientos, deseos y memorias, así como las moléculas que forman nuestros cuerpos y el mundo material. Al igual que los cuerpos físico y sutil, el cuerpo causal tiene tres capas.

La esfera *personal* del espíritu es la envoltura donde se siembran los recuerdos y deseos. Según Shankara, cada persona llega a este planeta con un propósito específico y una serie de dones únicos; si se dan las circunstancias apropiadas las semillas germinan y eres capaz de expresar tus dones en el mundo. Aun cuando el moderno modelo materialista de la vida sugiere que los genes determinan los talentos individuales, basta mirar a una pareja de gemelos para darnos cuenta de que una misma estructura molecular no establece la naturaleza del individuo; de hecho, las embarazadas comentan que, incluso en el vientre materno, cada bebé muestra tendencias diferentes.

Shankara sostiene que cada individuo posee un alma personal con recuerdos y deseos únicos. Estos recuerdos y deseos guían el curso de tu vida. Cuando alimentas las semillas de tus dones innatos con tu atención e intención, estas brotan y te sientes realizado.

El segundo aspecto del cuerpo causal es la esfera *colectiva*. Este ámbito te impulsa a vivir una vida de proporciones míticas. Los dioses y diosas que residen en la esfera colectiva en el interior de tu alma albergan un deseo: expresar su poder creativo a través de ti. Cada uno de nosotros ha emprendido un viaje heroico en busca del Santo Grial y en ese camino surgen obstáculos y retos que nos obligan a profundizar aún más en nuestro interior.

Estas aspiraciones colectivas se traducen en las historias arquetípicas transmitidas durante milenios. Por ejemplo, aprendemos los riesgos asociados a la arrogancia que produce el poder a través de la trágica historia de Ícaro, quien desdeñando el consejo de su padre voló demasiado cerca del sol, por lo que sus alas se derritieron y cayó al mar. Si Bill Clinton o Martha Stewart hubieran tenido en cuenta la sabiduría que resuena en su esfera colectiva, quizá podrían haber evitado unos resultados dolorosos aunque previsibles.

La mujer que se encierra en sí misma cada vez que una relación se vuelve demasiado íntima, está viviendo el mito de Dafne, quien abrumada por la persecución de Apolo se convirtió en un árbol de laurel; del mismo modo, el joven que trata de restablecer un negocio familiar antaño exitoso está volviendo a representar la historia de Jasón y los argonautas. Los sucesos que tienen lugar tanto en nuestra vida como a nuestro alrededor son historias perennes.

Los dioses y diosas míticas están todavía presentes en nuestra esfera colectiva. Podemos ver la expresión de la reina Juno en las mujeres poderosas de nuestra época: Margaret Thatcher, Golda Meir, Hillary Clinton; Diana, la diosa de la naturaleza, muestra su faceta moderna por medio de Jane Goodall y Julia «*Butterfly*» Hill; Venus hizo su aparición más directa a través de Marilyn Monroe; y Dionisio, el dios de la embriaguez y los excesos, suele aparecer en la lista de pacientes que solicitan ingreso en la Clínica Betty Ford.

Eres una historia viviente. Toma conciencia de lo que comunicas sobre ti y tu mundo, y participa conscientemente en la escritura del siguiente capítulo de tu vida. El yoga te impulsa a expandir tu identidad para abarcar la esfera colectiva de tu alma, pues es aquí donde se satisfacen las aspiraciones más profundas de la humanidad a través de las historias perennes que nos contamos a nosotros mismos y les transmitimos a nuestros hijos.

Según Shankara, el aspecto más profundo de tu ser trasciende el tiempo, el espacio y la causalidad, y da lugar al universo manifestado. Se trata de la esfera *universal* del espíritu, en la que todas las distinciones se funden en la unidad. Al carecer de atributos, este campo de potencialidad pura se expresa como un universo infinitamente diverso de formas y fenómenos. El océano ilimitado del ser adopta el disfraz de los planos causal, sutil y físico.

Esta esfera ilimitada no local es el origen y la meta de la existencia. El yoga nos impele a poner atención en este ámbito universal, a fin de imbuirnos de la profunda quietud y creatividad que representa. De este modo, incluso cuando estamos inmersos en una actividad dinámica, mantenemos el silencio y el estado de equilibrio del espíritu universal.

La visión de la existencia de Shankara resulta tan útil en la actualidad como lo era hace siglos. Shankara ofrece a las personas que buscan aumentar el bienestar, la vitalidad y la sabiduría un mapa que conduce, en última instancia, a la propia alma.

El programa «Las siete leyes espirituales del yoga» te proporciona herramientas que te ayudarán durante este viaje. Ya seas principiante o hayas practicado yoga durante un tiempo, este programa contribuirá a la transformación de tu conciencia. Marcel Proust escribió: «El verdadero viaje de descubrimiento no radica en buscar nuevos paisajes, sino en ver con una mirada nueva». Es nuestra intención que este programa te ayude a contemplar tu entorno, tu cuerpo, tu mente y tus emociones desde una perspectiva nueva.

Este cambio sutil de conciencia puede constituir una poderosa fuerza catalizadora que impulse la sanación y la transformación. Prueba este programa durante un mes, y notarás modificaciones no solo en la práctica de posturas, sino en toda tu vida.

2
Las preguntas del alma

Nada aquí abajo es profano para quienes saben mirar,
más bien al contrario: todo se considera sagrado.

PIERRE TEILHARD DE CHARDIN

EL LEGENDARIO SABIO MAHARISHI PATANJALI —cuya vida está envuelta en un halo de mitos y leyendas— suele ser considerado como el fundador del yoga. Según uno de estos relatos, Gonnika, su madre, pidió un hijo al Señor Vishnu, el dios que mantiene el universo. Vishnu quedó tan conmovido ante su pureza y devoción que pidió a su querida serpiente cósmica, Ananta, que preparara una encarnación humana; así pues, en las palmas de Gonnika cayó una pizca del cuerpo celestial de Ananta. La mujer cuidó de esta semilla cósmica con amor hasta que se convirtió en un bebé varón, a quien llamó Patanjali, nombre propio compuesto por los términos *pat*, que significa «descendido del cielo», y *anjali*, que designa una postura de oración. Este ser —que según los historiadores vivió doscientos siglos antes de Cristo— explicó los principios del yoga para el beneficio de la humanidad.

En su tratado clásico, los *Yoga sutras*, Patanjali establece que el objetivo del yoga es nada menos que la liberación del sufrimiento. Con objeto de cumplir este encomiable propósito, Patanjali desarrolló las ocho ramas del yoga. Cada uno de estos componentes del yoga te ayuda a cambiar tu punto de referencia interno, desde la constricción a la expansión de la conciencia. En el tránsito hacia una conciencia no local, tu punto de referencia interno se traslada de forma natural del ámbito egoico al espiritual, lo cual te permite afrontar cualquier reto con una perspectiva amplia.

Patanjali nos enseña que cuando estamos identificados exclusivamente con nuestro ego, nos atamos a cosas —una relación, un trabajo, un cuerpo, una posesión material, o bien una creencia u opinión acerca de cómo debería ser nuestra vida— que no tienen una realidad permanente. Al margen del objeto de apego, basar tu identidad en algo que pertenece al mundo de las formas y los fenómenos es la semilla del dolor, la desdicha y las enfermedades. Recordar que tu verdadero ser no está atrapado en un cuerpo durante el transcurso de una vida es la llave de la felicidad y la alegría auténticas. El yoga ha sido diseñado para ofrecerte un vislumbre de tu ser esencial llevándote del silencio profundo a la acción y guiándote de vuelta al silencio. Durante la práctica del programa «Las siete leyes espirituales del yoga» experimentarás la propuesta del yoga en la que la quietud prepara y concluye el período de actividad.

La filosofía del yoga comienza con el espíritu, pues la conexión espiritual es su verdadero objetivo. Esto sucede de forma natural cuando la mente se aquieta y puedes acceder a la sabiduría interior que emerge del fondo de tu ser. Formularte preguntas que apunten al núcleo de la experiencia humana es un modo de conectar con tu alma. Los siguientes interrogantes ayudan a cambiar el punto de referencia interno, desde el ámbito egoico al espiritual:

¿Quién soy yo?
¿Qué deseo?
¿Cómo puedo servir a otros?

Seas o no consciente de ello, estas preguntas están guiando tus decisiones vitales. Tomar conciencia de las respuestas a estas cuestiones de forma regular te permite estar alerta ante las oportunidades que resuenen con las necesidades de tu alma.

Frente a la pregunta «¿quién eres tú?», la mayoría de la gente se identifica con la posición que ocupan en la vida o con sus posesiones. Quizá respondas: «Soy el director financiero de una compañía de software» o «Soy profesor de matemáticas en un instituto»; tal vez te identifiques con tu lugar de residencia diciendo: «Soy neoyorquina» o «Soy canadiense». Podrías identificarte en términos relacionales contestando: «Soy el asistente del presidente» o «Soy una madre». Aunque todos tenemos la tendencia de identificarnos con papeles, objetos y relaciones en nuestra vida, el yoga nos anima a profundizar en nuestro ser y encontrar el espacio interno que está más allá de las ataduras externas. Esta es la fuente de toda la energía y creatividad de la existencia. Cuando comienzas a reconocer que tu naturaleza esencial es ilimitada y eterna, la vida se vuelve gozosa, significativa y libre de preocupaciones.

Prueba a realizar este simple ejercicio para saber dónde está situada tu identidad en la actualidad. Cierra los ojos, respira lenta y profundamente unas cuantas veces y centra la atención en el área del corazón; a continuación, plantéate la pregunta «¿quién soy yo?» cada quince segundos. Escucha con inocencia las respuestas que surjan de la profundidad de tu mente.

Puede que te percates de que te defines a ti mismo basándote en el papel que desempeñas, y respondas a la cuestión «¿quién soy yo?» con descripciones tales como:

Soy...
programador informático
vicepresidenta de márketing
enfermera pediátrica

Quizá te definas basándote en el grupo con el que te identificas.

Soy...
estadounidense
un fan de los yanquis de Nueva York
un libertario

Tal vez te definas según el papel que representas en tus
relaciones.

Soy...
un padre o una madre sin pareja
un amoroso cónyuge
una afectuosa hija

O puede que bases tu autoimagen en alguna práctica que
hayas adoptado.

Soy...
vegetariana
triatleta
un meditador

Desde la perspectiva del yoga, cada una de estas identifi-
caciones representa algún aspecto de ti mismo, pero no lo que
eres en esencia. Formularte la segunda pregunta del alma,
«¿qué deseo?», te permite ahondar todavía más. En las Upanishads, que forman parte de los textos más importantes de
la literatura védica, se encuentra la afirmación: «Eres lo que
son tus deseos más íntimos. Así como son tus deseos, así es tu
voluntad. Así como es tu voluntad, así son tus actos. Así como
son tus actos, así es tu destino». Cuando conoces los deseos de

una persona, también conoces su esencia. Para ser más consciente de tus anhelos más profundos, cierra los ojos y plantéate cada quince segundos las siguientes preguntas:

¿Qué deseo?
¿Qué deseo realmente?

Los distintos niveles de tu ser originan diferentes deseos. El cuerpo físico tiene necesidades básicas como alimento, agua, oxígeno y gratificación sexual; así pues, escuchar y satisfacer las necesidades de tu organismo asegura la salud y la vitalidad. El cuerpo sutil requiere conexión emocional, logros y reconocimiento; de este modo, expresar tus dones y honrar las contribuciones de otras personas favorece la salud y el bienestar de este nivel. Por su parte, el cuerpo causal tiene necesidad de expresión creativa y de renovación; asimismo, precisa que la unidad y la expansión se impongan sobre la diversidad y la limitación.

El viaje espiritual supone una satisfacción tanto de las necesidades del cuerpo, como de la mente y del espíritu. Cuando te planteas la pregunta «¿qué deseo realmente?» estás explorando qué parte de tu ser esta expresando una necesidad. Escucha las respuestas que surgen de tu interior y anótalas. Contempla cómo con el paso del tiempo tus deseos se cumplen o evolucionan hacia nuevas expresiones. Ya hayan sido satisfechos o se hayan transformado, aparecerán nuevos deseos para llenar ese vacío. Tomar conciencia de las fuerzas que guían tus decisiones te permitirá adquirir un conocimiento más íntimo de tu naturaleza esencial; esto fortalecerá la conexión con tu alma, lo cual es la meta del yoga.

Una vez hayas cobrado mayor conciencia de tu identidad y de tus deseos, formúlate la tercera pregunta del alma, «¿cómo puedo servir a otros?». De nuevo, cierra los ojos, dirige la atención al área del corazón y plantéate las siguientes preguntas, escuchando las respuestas que brotan del fondo de tu ser:

¿Cómo puedo servir?
¿Cómo puedo ser de utilidad?
¿Cómo puedo ayudar?
¿De qué modo puedo ayudar mejor?

El diálogo interno del cuerpo sutil gira en torno a las cuestiones «¿qué puedo obtener de esto?», «¿qué hay aquí para mí?», pero a medida que tu punto de referencia interno se amplía para abarcar el cuerpo causal, este diálogo comienza a centrarse en «¿cómo puedo ayudar?». Cuando tu identidad se expande, también lo hace la compasión, y comienzas a preocuparte, de forma natural, de cómo repercuten tus decisiones en los que te rodean. Los sabios yoguis coincidirían en que merece la pena plantearse las preguntas concebidas por el rabino Hillel en el siglo I:

¿Si no me ocupo de mí mismo, quién lo hará?
¿Si solo me ocupo de mí mismo, qué soy?
¿Si no es ahora, cuándo?

El verdadero propósito del yoga es descubrir ese aspecto de tu ser que no puede extinguirse. Tu trabajo puede cambiar, tus relaciones pueden cambiar, tu cuerpo puede cambiar, tus creencias pueden cambiar, tus deseos pueden cambiar, tus ideas sobre tu papel en la vida pueden cambiar, pero tu naturaleza esencial es un flujo de conciencia que no tiene principio ni fin. Si bien tus pensamientos, creencias, expectativas, objetivos y experiencias son algo pasajero, aquello que está teniendo esas experiencias —el experimentador— permanece.

Es posible que a medida que progreses en la práctica vayas descubriendo que las respuestas a las preguntas «¿quién soy yo?», «¿qué deseo?» y «¿cómo puedo servir a otros?» surgen de un lugar más profundo de tu ser. Puede que descubras que se ha producido un cambio en tu identidad que refleja una visión más expandida de ti mismo; tal vez tus deseos no sean tan personales, y la ampliación de tu identidad aumente tu interés por los demás e intensifique en ti la aspiración de realizar una contribución a tu comunidad y al mundo. Esta expansión de la conciencia de ti mismo es la esencia del yoga.

3
El camino real que conduce a la unidad

*En una actitud de silencio, el alma encuentra el camino
iluminada por una luz más clara, y lo que parecía impreciso
y engañoso se muestra diáfano como el cristal.*

MAHATMA GANDHI

Tu CUERPO ES UN CAMPO de moléculas, tu mente un campo de pensamientos y ambos son originados por un campo de conciencia subyacente: la esfera del espíritu. Saber que eres espíritu ilimitado disfrazado en un cuerpo-mente te permite vivir con confianza y compasión, así como con amor y entusiasmo. Con objeto de eliminar los velos que ocultan las dimensiones más profundas de tu ser, Maharishi Patanjali concibió las ocho ramas del yoga: *yama, niyama, asana, pranayama, dharana, dhyana* y *samadhi*. A veces se hace referencia a ellas como los ocho miembros (*asthanga*) del yoga, pero no deben entenderse como fases secuenciales; funcionan más bien como diferentes puntos de entrada a una identidad más amplia por medio de interpretaciones, elecciones y experiencias que te recuerdan tu naturaleza esencial. Veamos con más detalle los elementos que componen el *raja yoga*, el camino real que conduce a la unidad.

La primera rama del yoga: *yama*

Yama suele interpretarse como «normas de conducta social». Se trata de directrices universales aplicables a las relaciones. Tradicionalmente suelen describirse como sigue:

1. Practicar la no violencia
2. Decir la verdad
3. Ejercer un control sexual apropiado
4. Ser honesto
5. Mostrar generosidad

Todas las tradiciones religiosas y espirituales alientan a la gente a llevar una vida ética. Si bien el yoga coincide en este punto, también reconoce que vivir en perfecta armonía con el entorno resulta complicado, desde el punto de vista de la moral, a través de una serie de preceptos. Patanjali considera los *yamas* como la conducta evolutiva que surge espontáneamente de un ser iluminado.

Cuando reconoces que tu individualidad está íntimamente entretejida en el telar de la existencia —que eres un hilo en la red de la vida—, dejas de actuar de un modo que resulte perjudicial para ti o para otros. Sigues el código social de conducta porque actúas desde el nivel en el que la acción correcta brota de forma espontánea. Este estado, en el que obras en consonancia con la ley natural, recibe el nombre de *kriya shakti*. Aunque los términos sánscritos *kriya* y *karma* significan «acción», el primero designa una acción que no causa una reacción, a diferencia de *karma*, que origina de forma automática un efecto de igual proporción. Obrar desde el nivel de *kriya shakti* no produce consecuencias personales porque no se genera ninguna resistencia. A veces la gente también lo describe como estar «en la zona».

Cuando actúas desde este nivel del alma eres incapaz de ser violento, ya que todo tu ser se ha establecido en un espacio de paz. Esta es la esencia del primer *yama*, conocido en sánscrito como *ahimsa*. Tanto tus pensamientos como tus palabras y tus acciones son no violentos. La violencia no puede surgir porque tu corazón y tu mente están llenos de amor y compasión por la humanidad. Mahatma Gandhi, que defendió el principio de la no violencia a través del movimiento de independencia indio frente a la ocupación británica, afirmó lo siguiente: «Si expresas tu amor de manera tal que se imprima de forma indeleble en quien llamas enemigo, él deberá corresponderte [...] y eso requiere mucho más coraje que el uso de la violencia».

El segundo *yama* es la veracidad o *satya*. La veracidad se deriva de un estado de ser en el que eres capaz de distinguir entre lo que observas y lo que interpretas. Aceptas el mundo tal como es y reconoces que la realidad es un acto selectivo de atención e interpretación. Al reconocer que la verdad es diferente para cada uno, tomas decisiones constructivas que estén en consonancia con una visión expandida de tu identidad. Patanjali describió la verdad como la integridad de pensamiento, palabra y obra. Dices la verdad y eres honesto de forma innata porque la veracidad es una expresión de tu compromiso con una vida espiritual. El malestar producido por traicionar tu integridad supera a los beneficios que obtendrías a corto plazo por distorsionar la verdad. En última instancia, reconoces que la verdad, el amor y Dios son diferentes expresiones de una misma realidad indiferenciada.

En cuanto a *brahmacharya*, el tercer *yama*, si bien se interpreta a menudo como «celibato», creemos que se trata de una visión limitada de este *yama*. El término procede de *achara*, que significa «sendero», y *brahman*, cuyo significado es «unidad de conciencia». En la sociedad védica tradicional, las personas escogían entre el camino de la vida familiar y el del renunciante para alcanzar la iluminación; para quienes eligen ser monjes o monjas la senda hacia la unidad de conciencia incluye de forma natural la renuncia a la actividad sexual; en cambio, para la inmensa mayoría de las personas que optan por la vida familiar, *brahmacharya* significa disfrutar de una sana expresión de la energía sexual. Una interpretación del término *charya* es «apacentar», lo cual sugiere que *brahmacharya* alude a ser partícipe de lo sagrado inmerso en la vida cotidiana.

El poder creador esencial del universo es de carácter sexual y tú eres una amorosa manifestación de esa energía. Al considerar la totalidad de la creación como una expresión del impulso divino de generar, estás honrando esta fuerza creativa. *Brahmacharya* supone la alineación con la energía creadora del cosmos. En última instancia, es posible que a medida que se intensifique la relación amorosa de tu alma con el universo, la necesidad de expresar tu sexualidad vaya siendo remplazada por una expresión de amor más amplia.

El cuarto *yama*, *asteya* u honestidad, significa renunciar a la idea de que las cosas externas te proporcionarán seguridad y felicidad. *Asteya* está fundamentada en un estado de no avidez. La falta de honestidad suele deberse a un miedo a la pérdida: pérdida de dinero, de amor, de posición, de poder… La capacidad de vivir con honestidad se basa en una conexión espiritual profunda. Cuando te sientes pleno, no necesitas manipular, ocultar ni engañar. La honestidad es el estado innato de quien vive una vida íntegra. Según el yoga, una conducta constructiva y evolutiva es la consecuencia natural de una conciencia expandida.

El quinto *yama*, la generosidad o *aparigraha*, es resultado de una transformación interna en la que se abandona la identificación egoica para situar la identidad en el ámbito espiritual. Un yogui, que sabe que su naturaleza esencial es no local, expresa generosidad en cada pensamiento, cada palabra y cada acción de forma espontánea. Una conciencia restringida refuerza las limitaciones; en cambio, la expansión de la conciencia te conecta con la abundancia del universo. Este *yama* implica la ausencia de aversión. Cuando has desarrollado *aparigraha*, desaparece la necesidad de acumular posesiones materiales; esto no quiere decir que no disfrutes de estar en el mundo, sino que este no te atrapa. Al potenciar la ampliación de la conciencia, la práctica del yoga despierta la generosidad, pues esta es una característica de la naturaleza.

LA SEGUNDA RAMA DEL YOGA: *NIYAMA*

La segunda rama del yoga, según explicó Patanjali, es *niyama*, que suele interpretarse como las «reglas de conducta personal». En nuestra opinión, se trata de las cualidades que se expresan naturalmente en una personalidad evolutiva. ¿Cómo te comportas cuando nadie te mira? ¿Qué decisiones tomas cuando tú eres el único testigo? Los *niyamas* del yoga fomentan:

1. La pureza
2. La satisfacción
3. La disciplina
4. La exploración espiritual
5. La rendición a lo divino

De nuevo, estas cualidades no surgen de una superioridad moral, sino que son producto de una vida natural y equilibrada. H. G. Wells afirmó que «la indignación moral son celos disfrazados de santidad», una apreciación con la que el yoga estaría de acuerdo.

Al igual que la conducta social ideal, las cualidades personales evolutivas se originan en una conexión espiritual. El primer *niyama*, la pureza o *shoucha*, no sirve de mucho si alienta una actitud enjuiciadora, pero es de gran valor a la hora de discernir si tus decisiones te resultan nutritivas o tóxicas. Tu cuerpo y tu mente están formados por las impresiones que captas del entorno. Los sonidos, las sensaciones, las percepciones visuales, los sabores y los olores transportan la energía y la información percibidas por los órganos sensoriales; por esta razón, el yoga te anima a escoger de forma consciente experiencias que nutran tu cuerpo, tu mente y tu alma.

La satisfacción o *santosha*, el segundo *niyama*, constituye la fragancia de la conciencia del momento presente. Cuando luchas contra la experiencia presente, te enfrentas con todo el universo. La satisfacción, sin embargo, no significa conformidad. Los yoguis están comprometidos en pensamiento, palabra y obra a apoyar el cambio evolutivo que mejore el bienestar de todas las criaturas sintientes del planeta. La satisfacción implica aceptación sin resignación; surge cuando ha desaparecido la necesidad de control, poder y aprobación. *Santosha* es la ausencia de adicción al poder, a las sensaciones y a la seguridad. Con la práctica del yoga, tu experiencia del momento presente aquieta la turbulencia mental que impide la satisfacción, la cual refleja un estado de ser en el que la paz es independiente de las situaciones y las circunstancias.

Tapas, el tercer *niyama*, suele interpretarse como «disciplina» o «austeridad». El término *tapas* significa «fuego». Cuando el fuego de la vida de un yogui arde con intensidad, este se convierte en un faro de luz que irradia equilibrio y paz al mundo. El fuego es también responsable de digerir tanto los elementos nutritivos como los tóxicos. Un fuego interior saludable es capaz de metabolizar todas las impurezas.

La disciplina suele asociarse con las privaciones. La vida de las personas que llevan un estilo de vida yóguico puede parecer disciplinada, porque su ritmo biológico está alineado con el ritmo de la naturaleza. Se levantan temprano, meditan cada día, hacen ejercicio con regularidad, comen de un modo sano y equilibrado y se acuestan pronto, al experimentar directamente los beneficios de armonizar sus ritmos personales con los de la naturaleza. *Tapas* potencia la transformación como un medio para alcanzar un mayor nivel de conciencia.

El estudio de uno mismo o *svadhyana* constituye el cuarto *niyama*; si bien suele interpretarse como la dedicación a la literatura espiritual, en esencia significa mirar en el interior de uno mismo. Existe una diferencia entre el conocimiento y la sabiduría. El yoga nos aconseja no confundir la obtención de información con el saber que procede de la sabiduría, y el estudio de uno mismo te ayuda a entender esta distinción, ya que promueve la autorreferencia, en contraposición con la referencia al objeto. Tu valía y seguridad proceden de una conexión profunda con el espíritu, en vez de con los objetos externos. Cuando *svadhyana* está vivo en la conciencia, la alegría brota del interior sin depender de ganancias o logros externos.

Ishwara pranidhana, el último *niyama*, suele interpretarse como «fe» o «rendición a lo divino». *Ishwara* es el aspecto personalizado de lo infinito. Incluso al considerar lo ilimitado, la mente humana desea crear límites e *ishwara* es el nombre utilizado para designar el campo de inteligencia ilimitado e infinito. En última instancia, *ishwara pranidhana* implica una rendición a la sabiduría de la incertidumbre. Siembras semillas de sabiduría cuando te rindes ante lo desconocido. Lo conocido forma parte del pasado; la transformación, sanación y creatividad verdaderas fluyen de la conciencia del momento presente, lo cual significa abandonar el apego al pasado y abrazar la incertidumbre.

En una ocasión, un amigo nuestro profundamente espiritual se puso en contacto con nosotros desde la unidad coronaria de un hospital neoyorquino para avisarnos de que acababan de someterle a una cirugía urgente de bypass triple. Tenía solamente cuarenta y dos años, no fumaba, era vegetariano y meditaba regularmente. Como es natural, estábamos preocupados por su recuperación y estado de ánimo, pero nos tranquilizó saber que estaba evolucionando favorablemente y que estaba seguro de que todo saldría bien.

Nos explicó que unos días atrás había visitado Long Island y se había acercado hasta Coney Island para montarse en la montaña rusa. Se había divertido en la atracción, porque a pesar del movimiento turbulento, se sabía a salvo; del mismo modo, debido a su gran conexión espiritual, nuestro amigo fue capaz de rendirse a lo desconocido cuando de forma inesperada se le bloqueó una arteria coronaria. Confiaba en que a pesar del giro que estaba dando su vida, estaría bien fuera cual fuera el resultado. Esto es *ishwara pranidhana*: la rendición a lo divino.

Los *yamas* y *niyamas* representan el diálogo interno de un yogui. No son cualidades que puedan controlarse o manipularse. Surgen como la expresión natural de una identidad expandida. Puedes considerarlos mojones que marcan tu progreso espiritual. Deja que resuenen en tu conciencia, evitando el impulso de criticarte o juzgarte en las ocasiones en que no seas capaz de actuar según los estándares que te hayas marcado. A fin de potenciar los pensamientos y obras evolutivos, Patanjali te anima a prestar atención a los aspectos más refinados de tu cuerpo, tu respiración, tus sentidos y tu mente, descritos en las siguientes ramas del yoga.

La tercera rama del yoga: *Asana*

El término *asana* significa «asiento» o «postura». La gente suele asociar la práctica del yoga con esta rama, que se refiere a la adopción de diversas posturas para aumentar la flexibilidad y el tono muscular. En un nivel más profundo, *asana* significa la expresión plena de la integración mente-cuerpo, en la que tomas conciencia del flujo de energía vital que recorre tu cuerpo. La ejecución de *asanas* con atención plena constituye la práctica de actuar conscientemente.

En el *Bhagavad Gita*, la gran obra épica india, el Señor Krishna enseña al ser humano arquetípico, Arjuna, a establecerse en el ser y después actuar de acuerdo con la ley evolutiva. La expresión sánscrita utilizada es «*Yogastah kurukarmani*», que significa «Una vez establecido en el yoga, actúa». Aquí el término *yoga* alude al estado de unidad de cuerpo, mente y espíritu.

Las posturas de yoga benefician enormemente el cuerpo y la mente. Favorecen el equilibrio, la flexibilidad y la fuerza, todas ellas cualidades esenciales para una vida saludable y dinámica; asimismo, practicado en series de forma enérgica, el yoga puede constituir un ejercicio aeróbico que ayude a mejorar la salud cardiovascular.

Además de los beneficios directos obtenidos durante la práctica postural, el efecto positivo de las *asanas* se prolonga durante todo el día. Si practicas *asanas* de forma regular, te sentirás más flexible tanto física como emocionalmente. La flexibilidad marca la diferencia entre la vitalidad de la juventud y la laxitud de la vejez. He aquí una expresión yóguica que nos resulta inspiradora: «La flexibilidad infinita es el secreto de la inmortalidad». Al igual que una palmera se adapta a los vientos huracanados en lugar de oponerles resistencia, un cuerpo y una mente flexibles te permiten encajar los cambios inevitables de la existencia. La práctica regular de *asanas* potencia la flexibilidad, al tiempo que favorece la expulsión de toxinas estancadas que inhiben el libre flujo de la energía vital.

En el programa «Las siete leyes espirituales del yoga» hemos escogido *asanas* que potencien la flexibilidad de las articulaciones, mejoren el equilibrio, fortalezcan los músculos y calmen la mente. Si combinas flexibilidad, equilibrio, fuerza y paz interior, puedes vencer cualquier obstáculo. Exploraremos minuciosamente las posturas de yoga más importantes en el capítulo 5.

LA CUARTA RAMA DEL YOGA: *PRANAYAMA*

El *prana* es la fuerza vital, la energía esencial que convierte a la materia inerte en seres vivos en evolución. En nuestro primer curso de medicina estudiamos anatomía macroscópica, una materia que se basaba en el supuesto de que el estudio de un cadáver podría enseñarnos algo acerca de la vida. A finales del siglo XX, unos científicos hicieron un experimento en el que pesaron a una persona inmediatamente antes y después de su muerte para tratar de cuantificar el alma, pero al no registrar diferencia alguna concluyeron que esta no pesa nada.

Desde la perspectiva del yoga, la diferencia entre un ser vivo y un cadáver es la presencia o la ausencia de *prana* o energía vital, respectivamente.

Cuando el *prana* fluye libremente a través del cuerpo y la mente, te sientes sano y lleno de vida, pero cuando su flujo se obstruye, enseguida aparecen signos de fatiga y enfermedades. El concepto de una fuerza que da vida está presente en la mayor parte de las tradiciones de sabiduría y sanación. Se conoce como *chi* o *qi* en la medicina tradicional china y como *ruach* en la tradición cabalística. Pues bien, Patanjali sostiene que los ejercicios de respiración consciente o *pranayama* son la clave para vitalizar el *prana*.

Pranayama significa el control de la fuerza vital. Existe una relación estrecha entre la respiración y la mente. Cuando la mente está centrada y serena, también lo está la respiración; por el contrario, cuando la mente está agitada, la respiración se altera. Existen una serie de ejercicios clásicos de *pranayama*—presentados en el capítulo 4— diseñados para limpiar, equilibrar y vigorizar el organismo. Así como la actividad mental afecta a la respiración, el control de la respiración puede influir en la mente. El *pranayama* constituye un poderoso método que potencia la integración neurorrespiratoria.

El *prana* es la fuerza vital que fluye en la naturaleza y el universo. Cuando estás sintonizado con la energía *pránica* de tu cuerpo, cobras mayor conciencia de la relación existente entre tu individualidad y tu universalidad. De este modo, el *pranayama* te conduce de una conciencia restringida a una expansión de la conciencia.

LA QUINTA RAMA DEL YOGA: *PRATYAHARA*

Patanjali nos anima a dedicar un tiempo a retirar los sentidos del mundo para poder escuchar nuestra voz interior con mayor claridad. *Pratyahara* es un proceso de interiorización de los sentidos que tiene como objetivo tomar conciencia de los elementos sutiles del sonido, el tacto, la vista, el gusto y el olfato. En última instancia, todas las experiencias tienen lugar en la conciencia. Cuando miras una flor de tu jardín, tus ojos reciben frecuencias de radiación electromagnética que producen reacciones químicas en los conos y bastones de la retina. A consecuencia de las modificaciones químicas que se producen en la retina, se generan impulsos eléctricos que finalmente alcanzan la corteza visual situada en la parte posterior del cerebro. La interpretación de estas fluctuaciones de energía e información tiene lugar en la conciencia.

Aunque te imagines que estás viendo una flor en el exterior, en realidad la estás experimentando en tu interior, en la pantalla de la conciencia; por esta razón, los grandes yoguis afirman: «Yo no estoy en el mundo; el mundo está en mí».

Pratyahara es el proceso de sintonizarte con las experiencias sensoriales sutiles que en el yoga reciben el nombre de *tanmatras*. Tu conciencia alberga las semillas del sonido, la sensación, la vista, el gusto y el olor. La interiorización te permite conocer estos impulsos y experimentar directamente que el mundo de formas y fenómenos es una proyección de la conciencia.

Puedes despertar los *tanmatras* mediante la activación de impresiones sensoriales sutiles en la pantalla de la conciencia. Para ello, pide a un amigo que te lea los siguientes párrafos mientras mantienes los ojos cerrados:

SONIDO

Imagina…
el tañido de una campana de iglesia
el zumbido de un mosquito cerca del oído
el sonido de una ola rompiéndose en la orilla

TACTO

Imagina…
el tacto de un jersey de cachemir
la suavidad de la piel de un bebé
unas gotas de lluvia deslizándose por tu rostro durante una tormenta
de verano

VISTA

Imagina...
una puesta de sol sobre un océano en calma
una exhibición de fuegos artificiales
el rostro de tu madre

GUSTO

Imagina...
dar un mordisco a una suculenta fresa
una cucharada de un cremoso helado de chocolate
un pimiento jalapeño picante

OLOR

Imagina...
el olor de la tierra fértil tras un aguacero de primavera
la fragancia de las lilas en flor
el aroma de una panadería

Pratyahara constituye el proceso de retirar los sentidos del mundo externo temporalmente, a fin de reconocer las sensaciones de tu espacio interno. En cierta manera, *pratyahara* puede considerarse como un ayuno sensorial. El término está compuesto de *prati*, que significa «a distancia», y *ahara*, cuyo significado es «alimento»; si dejas de ingerir alimentos durante un tiempo, el primer alimento que tomas tras el ayuno suele saber increíblemente delicioso.

Cuando retraes los sentidos durante un tiempo, eres capaz de detectar sabores y olores más sutiles. El yoga sugiere que esto es aplicable a todas tus experiencias: si te retiras del mundo durante un rato, descubrirás que estas te parecen más vivas.

En la práctica, *pratyahara* significa prestar atención a los impulsos sensoriales que surgen a lo largo del día, limitando, en la medida de lo posible, los que resulten tóxicos y potenciando aquellos que nutran el cuerpo, la mente y el alma.

Escoge sonidos, sensaciones, vistas, sabores y olores que te inspiren. Toma conciencia de las situaciones, circunstancias y personas que minan tu vitalidad y entusiasmo por la vida y haz lo que esté en tus manos para reducirlos o evitarlos. En la práctica del yoga, *pratyahara* implica encontrar un espacio donde haya menos probabilidades de ser distraído por sensaciones desagradables tales como música alta, *shows* televisivos estridentes y discusiones molestas, de modo que puedas dirigir la atención a un lugar más sereno de tu conciencia. Esto significa dedicar un tiempo cada día a cerrar los ojos para favorecer el acceso a estados de conciencia más expansivos a través de la meditación.

LA SEXTA RAMA DEL YOGA: *DHARANA*

Dharana significa el domino de la atención y la intención. En esencia, el mundo es una «sopa cuántica» de energía e información. El acto de percibir constituye un acto selectivo de atención e interpretación. La distinción entre una manzana y una naranja o entre una rosa y un clavel se reduce a las diferencias existentes entre la cantidad y la calidad de la energía y la información de la que está formado el objeto de tu percepción. Por medio de la atención y la intención, captas la energía e información contenida en una flor fragante y espinosa, de suaves pétalos, y creas una representación multisensorial en tu conciencia que identificas como una rosa. Sin la capacidad única de tu sistema nervioso, el concepto de rosa existiría solamente en potencia.

Aquello a lo que prestas atención se vuelve más importante para ti. Ya te concentres en un negocio, en ponerte en forma, en mejorar una relación o en desarrollar una práctica espiritual, tu conciencia pone energía en el objeto de tu interés y le otorga mayor relevancia en tu vida. Al aprender a valorar la atención como si se tratara de un artículo de lujo, serás capaz de crear bienestar y satisfacción en tu vida. El refinamiento de la atención, a fin de facilitar la sanación y transformación del cuerpo y la mente, constituye un componente esencial del yoga.

Una vez has activado algo con tu atención, tus intenciones ejercen una poderosa influencia sobre qué se manifiesta en tu vida; según el yoga, las intenciones poseen un poder organizativo infinito. Ya se trate de sanar una enfermedad, crear más amor en tu vida o ser más consciente de tu divinidad, simplemente con esclarecer tu propósito, comenzarás a verlo expresarse en tu vida. Cuando tu conciencia está establecida en el ser y tienes una intención clara, la naturaleza se apresura a ayudarte a cumplir tus deseos más íntimos.

Es fundamental que tomes conciencia de tus intenciones; para ello, elabora una lista de las cosas que te gustaría que se manifestaran en tu vida. Examínalas dos veces al día antes de la meditación. Mientras tu mente se aquieta, despréndete de esas intenciones y deja tus deseos en manos del universo; después, presta atención a las señales de la vida que estén guiándote hacia su consecución. En el siguiente capítulo exploraremos los temas de la atención y la intención más detalladamente.

LA SÉPTIMA RAMA DEL YOGA: *DHYANA*

Dhyana es el desarrollo de la conciencia testigo, la consecuencia de saber que estás en el mundo sin pertenecer a él. Tus experiencias vitales se modifican momento a momento:

cambia tu entorno, tus amigos, tu trabajo, tu cuerpo, tus sentimientos, tus pensamientos... El cambio perpetuo es lo único que permanece. Pues bien, *dhyana* es el cultivo de la conciencia, de modo que, en medio del cambio incesante, tu ser no se pierda en los objetos de la experiencia. Aunque las situaciones, las circunstancias, las personas y las cosas estén siempre cambiando en tu vida, ese aspecto que es testigo de esos cambios es la esencia de tu ser: tu alma.

La forma más directa de cultivar este estado de conciencia testigo siempre presente es la meditación, durante la cual aprendes a observar los pensamientos, sentimientos, sensaciones y sonidos que surgen en tu conciencia sin necesidad de reaccionar ante ellos. A medida que desarrollas esta facultad con la meditación, vas siendo capaz de aplicarla en tu vida diaria. Aprendes a mantenerte centrado y abierto a todas las posibilidades ante los retos, de modo que puedas optar por una solución que potencie al máximo las posibilidades de cumplir tus intenciones y deseos.

LA OCTAVA RAMA DEL YOGA: *SAMADHI*

Samadhi es un estado de ser establecido en la conciencia pura y sin límites, que trasciende el tiempo y el espacio, el pasado y el futuro, y la propia individualidad; constituye el acceso al reino de lo eterno y lo infinito, tu naturaleza esencial. Recogerte en *samadhi* de forma regular cataliza la transformación de tu punto de referencia interno desde el ego al espíritu. Actúas en el mundo como un individuo con un estado interior de un ser universal.

Se trata de un estado de ser en el que ni el miedo ni la ansiedad tienen cabida. Dejas de tomarte demasiado en serio porque reconoces que la vida es una obra de teatro cósmica y, como un actor magnífico, desempeñas tu papel de forma impecable sin perderte en el personaje que representas. Esta es la meta del yoga: reconocerte como un ser espiritual disfrazado de ser humano para establecerte en un estado de unidad y actuar en armonía con el flujo evolutivo de la vida.

Acabamos de explorar el mapa del yoga trazado por Patanjali, el gran viajero del espacio interior. En el siguiente capítulo profundizaremos en los principios que constituyen las bases sobre las que se sustenta el yoga: las siete leyes espirituales que rigen la relación entre el cuerpo, la mente y el alma.

4
Las siete leyes espirituales del yoga

Si logras vencer la inquietud, podrá mostrarse
tu verdadera naturaleza.

LAO TZU

HEMOS EXAMINADO LOS MARCOS TEÓRICOS presentados por dos de los más grandes yoguis que ha conocido el mundo: Shankara y Patanjali. Estos dos enfoques clásicos guardan una estrecha relación entre sí y constituyen las piedras angulares de la filosofía del yoga. En este capítulo aplicaremos las siete leyes espirituales del éxito a los principios y la práctica del yoga. Los siete principios espirituales del éxito consisten en la aplicación de las leyes de la naturaleza a la experiencia humana. Son los principios a través de los cuales se manifiesta lo inmanifestado y el espíritu se convierte en el universo material. Creemos que merece la pena usar estas leyes en la práctica del yoga, ya que sus principios contribuyen a fomentar el equilibrio, la flexibilidad y la vitalidad. La práctica del yoga es una práctica para la vida, y el éxito en el yoga te proporciona un modelo para tener éxito en la vida.

Las siete leyes expuestas a continuación están presentadas de forma resumida poniendo énfasis en su aplicación a la práctica del yoga. Cada ley está asociada a un mantra específico cuya vibración resuena con su principio esencial. Te animamos a repasar la ley del día durante unos minutos, al levantarte cada mañana y antes de acostarte por la noche. Recuerda el mantra correspondiente durante la jornada, con objeto de que la energía de la ley resuene en tu interior.

Desde hace varios años, un gran número de personas de todo el mundo comienzan el día con una de estas leyes, con la intención de aplicarla a lo largo de la jornada. Te proponemos que te centres en la primera ley espiritual del éxito cada domingo y prestes atención a las leyes subsiguientes el resto de la semana, finalizando el sábado con la séptima ley; de este modo, comenzarás a resonar con los millones de personas que están siguiendo las siete leyes espirituales del éxito. Vamos a examinar cada una de ellas, ya que son aplicables a la práctica del yoga.

DÍA DE LA SEMANA	LEY ESPIRITUAL
Domingo	Ley de la potencialidad pura
Lunes	Ley de dar y recibir
Martes	Ley del karma (o de causa y efecto)
Miércoles	Ley del mínimo esfuerzo
Jueves	Ley de la intención y el deseo
Viernes	Ley del desapego
Sábado	Ley del *dharma* (o propósito vital)

LEY 1. LA LEY DE LA POTENCIALIDAD PURA

La primera ley espiritual del éxito es la ley de la potencialidad pura, la cual afirma que, en esencia, eres pura conciencia. La esfera de la conciencia pura es el ámbito de todas las posibilidades y la fuente de la creatividad en todas sus formas. La conciencia pura constituye tu esencia espiritual y es la fuente de la felicidad. El reino de la potencialidad pura es el hogar del conocimiento, la intuición, el equilibrio, la armonía y la dicha. Da lugar a los pensamientos, los sentimientos y las acciones, pero permanece inmutable. Es la matriz de silencio que origina todas las formas y fenómenos de la existencia; es tu naturaleza esencial: en lo más profundo de ti, eres potencialidad pura.

El testigo silencioso y siempre presente es tu verdadero Ser. La experiencia del Ser, o autorreferencia, implica que tu punto de referencia interno es tu alma, en lugar de los objetos de tu experiencia. Lo contrario de la autorreferencia es la referencia al objeto. Cuando tu conciencia está dirigida hacia lo externo, te afecta lo que acontece fuera del Ser, lo cual incluye situaciones, circunstancias, personas y cosas. Cuando estás identificado con lo externo, necesitas la aprobación de los demás para sentirte cómodo y valioso, y por lo tanto la buscas todo el tiempo. Dado que tus pensamientos y conducta siempre están anticipando las respuestas, se trata de un estado de ser basado en el temor.

En un estado de conciencia centrado en los objetos externos, el ego es la referencia interna. Sin embargo, el ego no es quien realmente eres, sino tu máscara social, los papeles que representas. Una vez desempeñas el papel de amigo y otra, de antagonista. Haces el papel de hijo ante tus padres y el de progenitor ante tus hijos. Te comportas de un modo al hablar con tu supervisor y de otro modo cuando te diriges a tus subordinados.

Tu máscara social se agranda con la aprobación, lucha por el control y se sustenta con el poder, y, por ende, el ego vive con miedo de perder la aprobación, el control y el poder.

En cambio, tu verdadero Ser, tu alma, está completamente libre de estas cosas. Es inmune a la crítica, no teme ningún desafío y no se siente ni por debajo ni por encima de nadie. Tu alma reconoce en el nivel más profundo que todas las personas son el mismo Ser con diferentes disfraces.

En la práctica de yoga, la ley de la potencialidad pura nos recuerda que cada movimiento surge del campo silencioso de infinitas posibilidades. Cuanto más poderoso sea el silencio, más eficaz será el movimiento. Cada movimiento constituye una vibración, una ola en el océano de la vida. Cuanto mayor sea la conexión con las profundidades del océano, más potente será la ola que emerja.

Al practicar posturas de yoga, presta atención al espacio silencioso de tu interior entre cada movimiento y cada postura. Permanece en un estado de testigo plenamente atento mientras realizas cada postura, cultivando la experiencia de situar la conciencia en este ámbito no local de potencialidad pura, mientras llevas a cabo actividades que tienen lugar en el tiempo y en el espacio.

Aplica la ley de la potencialidad pura al practicar posturas de yoga y durante el día, siguiendo las tres recomendaciones siguientes:

1. Cultiva el silencio en el cuerpo y en la mente. Entre las posturas y los movimientos, dirige la atención a la quietud silenciosa que mora en tu interior. Tras practicar la secuencia de posturas, siéntate a solas a meditar en silencio durante alrededor de veinte minutos. Al aquietar la mente con la meditación, aprenderás a experimentar directamente el campo de conciencia pura en el que cada cosa está inseparablemente conectada con todo lo demás.

2. Durante la sesión y a lo largo del día, cultiva la conciencia testigo. Observa la dinámica actividad del mundo desde la quietud interior de tu alma. Dedica un tiempo cada día a estar en íntima comunión con la naturaleza y ser testigo silencioso de la inteligencia que habita en cada criatura viviente. Contempla una puesta de sol,

escucha el sonido del océano o de un arroyo, o simplemente huele el perfume de una flor. Desde la paz de tu silencio interior y a través de la conexión con la naturaleza, experimentarás alegría y veneración por el eterno movimiento de la vida en todas sus manifestaciones.

3. Acostúmbrate a no emitir juicios. Evita valorar tu capacidad mientras practiques las posturas. Comienza cada sesión afirmando lo siguiente: «Hoy no haré ningún tipo de valoración sobre nada de lo que suceda», y recuérdate que la autoaceptación es al mismo tiempo la base y la meta del yoga. Cuando estás constantemente emitiendo juicios, también sobre ti mismo, viendo las cosas como correctas o incorrectas, buenas o malas, creas una alteración en tu diálogo interno que limita el flujo de energía entre el campo de potencialidad pura y tú. No juzgar cultiva el silencio interior, lo cual te permite acceder directamente al campo de potencialidad pura.

Memoriza el mantra cuyas propiedades vibratorias resuenan con la ley de la potencialidad pura y repítelo en silencio a lo largo del día para recordarte que tu naturaleza esencial es la potencialidad pura.

Om Bhavam Namah
Yo soy existencia absoluta

Ley 2. La ley de dar y recibir

La segunda ley espiritual del éxito es la ley de dar y recibir, la cual afirma que el universo funciona a través de un intercambio dinámico. Tu cuerpo mantiene un intercambio constante y dinámico con el cuerpo universal; tu mente mantiene una interacción dinámica con la mente cósmica. La vida constituye el flujo de todos los elementos y fuerzas que forman el campo de la existencia. El intercambio armonioso entre el cuerpo físico y el universo físico y entre la mente personal y la mente colectiva se expresa como la ley de dar y recibir. Puesto que tu cuerpo, tu mente y el universo mantienen un intercambio dinámico y constante, detener la circulación de la energía es como detener el flujo sanguíneo. Cuando la sangre deja de fluir, se coagula, y cuando un río deja de fluir, se estanca; por esta razón, has de mantenerte abierto a dar y recibir a fin de preservar la circulación de la fuerza vital en tu interior.

El factor más importante son las intenciones que se esconden tras ese intercambio. Tu propósito debería ser siempre crear felicidad tanto para el que da como para el que recibe, porque la felicidad da soporte y sustento a la vida. La respuesta es proporcional a lo ofrecido cuando se trata de un gesto incondicional desde el corazón; por esta razón, el acto de dar ha de ser gozoso: has de sentir alegría por el mero hecho de dar; de este modo, la energía que impulsa ese acto se multiplica.

Durante la práctica de yoga, la ley de dar y recibir está viva en cada respiración. Con cada inspiración y cada espiración, estás intercambiando diez mil cuatrillones de átomos con el entorno. Ahora mismo, inspira tan hondo como te sea posible y mantén la respiración tanto como puedas observando el malestar que surge cuando te aferras a algo que deberías soltar. Ahora, espira tan profundamente como sea posible y mantén la respiración cuando los pulmones se hayan vaciado por completo. De nuevo, siente el malestar que aparece cuando opones resistencia a tomar algo que necesitas. Siempre que obstaculizas la ley de dar y recibir, tu mente se inquieta y tu cuerpo se siente incómodo.

Con cada postura que adoptas, se contraen y relajan diversos pares de músculos antagonistas, sosteniendo y soltando en consonancia con la ley de dar y recibir. Cuando la fuerza vital fluye libremente a través de tu cuerpo y tu mente, estás alineado naturalmente con la generosidad y receptividad del universo.

Establece el compromiso de poner en práctica la segunda ley del éxito durante la sesión de yoga, por medio de los tres pasos siguientes:

1. Durante la práctica de yoga mantén la conciencia de la respiración, ese fluido intercambio con el entorno a través de la entrada y salida del aire. En cualquier momento del día en que sientas algún tipo de resistencia en tu cuerpo porque las cosas no estén yendo como planeabas, centra la atención en la respiración y úsala para recobrar la sensación de ese dar y recibir natural y fluido.

2. Cultiva una sensación de gratitud por los dones que te otorga la vida. Durante la práctica de yoga, sintonízate con la fuerza vital que circula por tu cuerpo y agradece la oportunidad de experimentar la vida a través de una mente y un cuerpo humanos. Disfruta de la sensación de tu cuerpo contrayéndose y expandiéndose mientras te mueves a través de las posturas. Celebra esta manifestación física que permite a tu alma expresar su significado y su propósito en la vida; celebra el milagro de tu existencia.

   Nuestro amado profesor Brahmananda Saraswati señaló en una ocasión que podría llevar un millón de encarnaciones adquirir un sistema nervioso humano; si no lo utilizas para recordar tu naturaleza sagrada y gozar de ella, estarás desaprovechando su potencial.

3. Haz yoga con la intención de rendirte a las necesidades de tu cuerpo. En lugar de forzar tu cuerpo a adoptar una postura específica, practica la escucha de tus

músculos y articulaciones. El impulso a dar fluye naturalmente cuando se experimenta gratitud. Descubrirás que con este sutil cambio de actitud conseguirás realizar más fácilmente las posturas que te supongan un desafío.

Fuera de la práctica de *asanas*, cultiva la intención de ofrecer algo a todos aquellos con quienes entres en contacto durante el día. Podría tratarse de una palabra amable, un cumplido, una sonrisa, una oración o bien un pequeño presente. Igualmente, mantente abierto para recibir los regalos que te lleguen durante el día; pueden proceder de la naturaleza, como el canto de los pájaros, una lluvia primaveral, un arcoíris o un bello atardecer, o bien pueden provenir de las personas de tu vida: un cálido abrazo, un gesto amable, una sugerencia útil… Comprométete a seguir la ley de dar y recibir, aprovechando cualquier oportunidad para hacer circular el amor, el interés, el afecto, la gratitud y la aceptación.

Apréndete el mantra cuyas propiedades vibratorias resuenan con esta ley y repítelo en silencio cada vez que te descubras limitando el flujo de dar y recibir en tu vida.

Om Vardhanam Namah
Soy el que nutre el universo

Ley 3. La ley del karma (o de causa y efecto)

La tercera ley espiritual del éxito concierne al karma, o causa y efecto. Cada acción genera un impulso de energía que regresa a nosotros: recogemos lo que cosechamos. Cuando optamos conscientemente por acciones que producen felicidad y éxito a otros, el fruto de nuestro karma es la felicidad y el éxito.

Aunque muchos malinterpretan la ley del karma como una ley que nos mantiene prisioneros en un ciclo de reacción interminable, en realidad confirma la libertad humana. El karma supone un acto de elección consciente, pues disponemos de un campo infinito de posibilidades. En cada momento de la existencia, tu ser auténtico reside en el campo de potencialidad pura en el que tienes acceso a elecciones ilimitadas. Si bien algunas de estas elecciones son conscientes, la mayor parte se hacen de forma inconsciente; por esta razón, el mejor modo de comprender y potenciar al máximo el uso de la ley del karma consiste en tomar conciencia de las decisiones que tomas en cada momento.

Te guste o no, todo lo que está aconteciendo en este instante es el resultado de tus decisiones previas. Cuando haces elecciones de forma inconsciente, no se te ocurre pensar que se trata de preferencias, pero lo son. Al detenerte un momento para prestar atención al proceso de elección, la propia observación lo vuelve consciente. En cada situación existe una opción entre otras muchas disponibles que te traerá felicidad a ti y a los que te rodean, y cuando la eliges te nutre a ti y a las personas a quienes afecta.

En lo que a la práctica de yoga se refiere, aplicas la ley del karma al moverte de forma consciente en cada postura, pues sabes que cada acción produce una reacción. Si debido a la impaciencia te fuerzas a realizar una postura para la que todavía no estás preparado, el cuerpo y la mente reaccionarán y darán lugar a una tensión física y psicológica; en cambio, cuando te mueves con gracia dentro de los límites de cada postura con una actitud suave y delicada, el cuerpo y la mente responden de un modo natural y relajado.

Fíjate en que al aflojar el ritmo de los movimientos te vuelves más consciente de las consecuencias kármicas de tus elecciones. Si sientes el cuerpo extrañamente incómodo una mañana después de una sesión de yoga, lo más probable es que sea resultado de no haber tenido en cuenta esta ley. Posiblemente, hayas cometido el error de forzarlo demasiado y el precio kármico sea el malestar que sientes.

El karma aparece en el presente recordándote las acciones pasadas. Cuando haces elecciones más conscientes desde la conciencia testigo, tomas decisiones libres de karma.

Aplica la ley del karma en la práctica de yoga y en tu vida con el fin de escoger las mejores opciones. Comprométete a seguir los tres pasos siguientes:

1. Percátate de las elecciones que haces en cada instante durante la sesión. Al prestarles atención harás que se vuelvan conscientes. Estate plenamente presente en este instante, y el futuro inmediato no acarreará sus consecuencias. El mejor modo de prepararte para cualquier momento futuro es ser plenamente consciente en el presente.

2. A la hora de decidir cómo afrontar las resistencias que surgen durante la práctica, pregúntate lo siguiente: «¿Cuáles son las consecuencias de esta elección?», «¿Hará que me sienta más cómodo?». Cuando tomes decisiones fuera de la práctica de yoga, pregúntate: «¿Qué elección puede aportarme felicidad y satisfacción tanto a mí como a las personas a quienes afecta?».

3. Escucha a tu corazón para recibir orientación y déjate guiar por su mensaje de comodidad o incomodidad. Tu corazón es el punto de unión entre la mente y el cuerpo. Si la elección produce comodidad en el cuerpo, sigue adelante con confianza, pero si te suscita incomodidad, detente y observa las consecuencias de tu acción con tu visión interna. Honrar la guía interna que te brinda tu inteligencia corporal te ayudará a tomar las mejores decisiones para ti y los que te rodean.

Familiarízate con el mantra cuyas propiedades vibratorias resuenan con la ley del karma y repítelo en silencio cuando tomes decisiones que sean relevantes kármicamente. Tenerlo presente te recordará escuchar el cuerpo, de modo que tus elecciones te proporcionen mayor comodidad y alegría.

Om Kriyam Namah
Mis acciones están alineadas con la ley cósmica

Ley 4. La ley del mínimo esfuerzo

La ley del mínimo esfuerzo afirma que la inteligencia de la naturaleza funciona de forma natural y fluida. Ni el fluir de las mareas ni el florecimiento de una flor ni el movimiento de las estrellas se realiza con esfuerzo. En la naturaleza hay ritmo y equilibrio, y cuando estás armonizado con ella, puedes aplicar la ley del mínimo esfuerzo al reducir el esfuerzo y potenciar al máximo los resultados.

Cuando en nuestra conciencia colectiva prevalecía un modelo newtoniano del mundo, imperaban los principios de la voluntad y la fuerza, pero en los tiempos modernos, en los que la física cuántica nos ofrece un modelo más exhaustivo de cómo funciona el universo, no hay espacio para el esfuerzo; en lugar de eso, el ritmo y la delicadeza constituyen las herramientas de transformación en un mundo que se considera expresión de un campo de energía e información subyacente. En pocas palabras, la ley del mínimo esfuerzo afirma que haciendo menos podemos conseguir más.

La energía del amor es el «pegamento» que unifica todo en la naturaleza, y el esfuerzo realizado es mínimo cuando tus acciones están motivadas por él. Cuando tu punto de referencia interno es el alma, puedes aprovechar el poder del amor y usar la energía de forma creativa para la sanación, la transformación y la evolución.

La ley del mínimo esfuerzo es de un valor incalculable durante la práctica de yoga; de hecho, el yoga es lo contrario a la fórmula «el que algo quiere, algo le cuesta». Los mayores beneficios del yoga provienen de relajarse en una postura, en lugar de forzar al cuerpo a llevarla a cabo. Cuando realices una postura que trabaje la flexibilidad, fíjate en el punto donde sientas resistencia, y en vez de tratar de atravesarlo a la fuerza, respira en la resistencia —ríndete a ella— y verás cómo se amplía el alcance del movimiento y mejora tu flexibilidad. Permanece presente siendo plenamente consciente de tu cuerpo y adopta una actitud de rendición. La paciencia es una virtud tanto en el yoga como en la vida. En el yoga, cuanto más eres capaz de abrazar tu vulnerabilidad y tus limitaciones en lugar de luchar contra ellas, menos te limitan y más equilibrio y energía experimentas.

Con objeto de aplicar la ley del mínimo esfuerzo tanto en la práctica de yoga como en tu vida, comprométete a seguir los siguientes tres pasos:

1. Practica la aceptación. Durante la sesión de yoga acepta tu cuerpo tal como es. Aunque albergues la intención de cambiarlo de algún modo, reconoce que debería ser exactamente tal como es ahora, pues todo en el universo es como debería ser. Abandona la necesidad de luchar contra todo el universo, oponiendo resistencia al instante presente. Cuando aceptas cada situación tal como es, te sitúas en la mejor posición para dejar que avance hacia otro nivel.

    En la vida diaria, practica la aceptación de la gente tal como es y de las circunstancias tal como ocurren, desde la comprensión de que cada instante de tu vida es consecuencia de todas y cada una de tus decisiones previas. En lugar de enfrentarte a las personas o las situaciones presentes en tu vida, acepta lo que tienes y refuerza tu compromiso de hacer elecciones más conscientes desde ahora.

2. Desde la aceptación de las cosas tal como son, responsabilízate del desafío que estés afrontando. En lo relativo a la práctica del yoga, esto significa comprometerte a cuidar el cuerpo proporcionándole ejercicio y nutrición adecuados. Si deseas efectuar algún cambio positivo en tu cuerpo, asumir tu responsabilidad no implica culpabilizarte por su estado actual. Recuerda que cada reto es una oportunidad disfrazada y al mantenerte alerta ante las oportunidades puedes tomar el momento presente y transformarlo para un mayor beneficio.

3. Adopta una actitud pacífica. No malgastes tu energía vital defendiendo tu punto de vista o tratando de convencer a los otros. Permanece atento a todos los puntos de vista sin aferrarte con rigidez a ninguno de ellos.

Este tercer principio es de especial relevancia para la práctica del yoga. Existen numerosas escuelas de yoga, todas ellas igualmente válidas. Cada profesor y cada sistema presentan sus propias variaciones en cuanto a posturas, ritmo, estilo e intensidad. Al tratarse de un sistema dedicado a despertar la flexibilidad en el cuerpo, la mente y el espíritu, en él hay cabida para los diversos enfoques que han ido desarrollándose durante los siglos.

Experimenta por ti mismo con diferentes estilos y encuentra el que mejor se adapte a las necesidades que tengas en cada etapa de tu vida. El sistema de yoga apropiado para ti es el que mejore tu vitalidad y flexibilidad. Comprométete a seguir la ley del mínimo esfuerzo y dejarás de malgastar tu energía vital en fricciones y conflictos. Cuando vuelve a fluir libremente, esta energía se hace disponible como fuente de creatividad, desarrollo personal y sanación.

Cada vez que te descubras tratando de forzar un resultado que no está preparado para manifestarse, recuerda la ley del mínimo esfuerzo y utiliza el mantra que resuena con el principio de que puedes obtener más haciendo menos, si no desperdicias la energía con resistencias y tensiones.

Om Daksham Namah
Mis acciones obtienen un máximo beneficio
con un mínimo esfuerzo

LEY 5. LA LEY DE LA INTENCIÓN Y EL DESEO

La quinta ley espiritual del éxito es la ley de la intención y el deseo, la cual se basa en el reconocimiento de que, en el nivel cuántico, no existe nada más que energía e información. El campo cuántico —que es en realidad otra designación del campo de potencialidad pura— está influido por la intención y el deseo.

Como ser humano, experimentas el campo cuántico de forma subjetiva como tus pensamientos, sentimientos y recuerdos; tus deseos, necesidades y expectativas; tus fantasías y creencias; también lo experimentas de forma objetiva como tu cuerpo físico y el mundo material. En el nivel del campo cuántico, el conjunto de pensamientos conocido como mente y el conjunto de moléculas conocido como cuerpo constituyen diferentes disfraces de la misma realidad subyacente. Los yoguis de la antigüedad denominaron a esta toma de conciencia «*Tat Tvam Asi*», que significa «Yo soy eso, tú eres eso, toda la realidad es eso y eso es todo lo que es».

Si aceptas el hecho de que tu cuerpo personal no está separado del cuerpo universal, puedes cambiar de forma consciente la energía e información de tu propio cuerpo para influir en la energía e información de tu cuerpo extendido —lo que te rodea, tu mundo—. Esta influencia se activa gracias a dos cualidades inherentes a la conciencia: la *atención* y la *intención*. La atención estimula y la intención transforma.

Si deseas que algo se potencie en tu vida, dirige más atención hacia ello; por el contrario, si deseas que algo se reduzca, deja de prestarle atención. La intención, por otro lado, cataliza la transformación de la energía y la información, y da lugar a nuevas formas y expresiones. Según los antiguos principios yóguicos, la intención posee poder organizativo.

Los yoguis consumados son maestros de la atención y la intención. Pueden influir en componentes de su psiquismo de un modo que la ciencia moderna creía imposible. Los yoguis pueden elevar y reducir la presión de la sangre, acelerar o ralentizar el ritmo cardiaco, aumentar o disminuir la temperatura corporal y llevar a niveles casi imperceptibles los sistemas respiratorio y metabólico. En el capítulo 5 te mostraremos el modo de emplear la atención y la intención para la sanación y la transformación. A medida que vayas adquiriendo pericia en el control de tu cuerpo por medio de la ley de la intención y el deseo, irás percibiendo que cada vez más la naturaleza apoya tus intenciones.

Puedes aprender a utilizar el poder de la ley de la intención y el deseo tanto en la práctica de yoga como en tu vida siguiendo los tres pasos siguientes:

1. Clarifica tus intenciones y deseos. Dedica un tiempo de forma regular a elaborar una lista de las cosas que te gustaría que se manifestaran en tu vida. Examina tus intenciones y deseos antes de comenzar la práctica de

yoga y antes de la meditación. Modifica la lista a medida que se cumplan o transformen tus deseos, y observa cómo evolucionan. Cuando haces constar por escrito aquello que deseas en tu corazón y en tu mente, aceleras su proceso de materialización.

2. Una vez hayas tomado conciencia de tus intenciones y deseos, deja que la naturaleza se encargue del resultado. Acostúmbrate a confiar en que cuando las cosas no van exactamente del modo en que pretendías, se debe al funcionamiento de un orden mayor. Probablemente hayas vivido situaciones en las que las cosas no marchaban según lo planeado, y te hayas dado cuenta después de que había algo mejor esperándote a la vuelta de la esquina.

    Al practicar las posturas de yoga, mantén esta actitud interna de rendición. Percátate de tus intenciones y déjalas ir mientras fluyes entre las diferentes posturas, y observa el resultado tanto en la práctica de yoga como en tu vida.

3. Recuérdate a ti mismo que has de practicar la conciencia del momento presente en todas tus acciones. No permitas que ningún obstáculo desvíe tu atención de la experiencia del presente. Al practicar una postura permanece plenamente en el ahora, sabiendo que esta actitud confiere poder a tus intenciones y deseos más preciados.

Además de cargar de energía tus intenciones y deseos con tu atención, utiliza el mantra que resuena con la ley de la intención y el deseo.

Om Ritam Namah
Mis intenciones y deseos están sustentados por la inteligencia cósmica

Ley 6. La ley del desapego

La sexta ley espiritual del éxito es la ley del desapego, la cual revela una gran paradoja de la vida: para conseguir algo has de dejar de aferrarte a ello; esto no significa desistir de cumplir tu deseo, sino una ausencia de apego al resultado.

El apego está basado en la inseguridad y el temor. Cuando te olvidas de que la única fuente genuina de seguridad es tu verdadero Ser, empiezas a creerte que necesitas algo externo para ser feliz. Tal vez creas que disponer de una cierta suma de dinero en el banco, saldar la hipoteca de tu casa, adquirir un coche de lujo, perder unos cinco kilos o comprarte un nuevo conjunto te dará mayor seguridad. Por desgracia, siempre que basas la felicidad en algo diferente a tu verdadero Ser, surge la inseguridad, porque en el fondo sabes que aquello que te aporta dicha también puede producirte dolor, ya que puedes perderlo.

De acuerdo con los principios del yoga, la única seguridad verdadera procede de estar dispuesto a abrazar lo desconocido, el ámbito de la incertidumbre. Al renunciar al apego a lo conocido, penetras en el campo de la potencialidad pura, en el que la sabiduría de la incertidumbre está presente en todas tus decisiones. Cuando practicas el desapego y aceptas la falta de certezas, abandonas la necesidad de aferrarte al pasado, el único factor conocido. Cuando estás abierto a lo que sucede, en lugar de tratar de controlar el desarrollo de los acontecimientos, experimentas excitación, regocijo, una sensación de aventura y el misterio de la vida.

Aplicada a la práctica de yoga, la ley del desapego te anima a desistir del apego a una postura ideal. En vez de obsesionarte por conseguir una postura perfecta, alberga la intención de despertar niveles de conciencia más amplios y profundos en tu interior. Al dejar de apegarte a una forma idealizada y permitir que tu conciencia abrace la esencia del yoga, tu cuerpo aflojará sus resistencias de forma natural, aumentará su flexibilidad y mejorará en su conjunto.

El yoga no es un deporte competitivo, y no conseguirás una integración del cuerpo, la mente y el espíritu mediante la voluntad y la fuerza; se trata más bien de un sistema de rendición consciente. La práctica del yoga logra su objetivo de unión valiéndose de la atención y la intención, a través de la renuncia a la lucha y el conflicto. Esta es la esencia de la ley del desapego: establecer claramente tus intenciones manteniendo la actitud interna de *hágase tu voluntad*. La coexistencia de estas fuerzas aparentemente contradictorias —intención y desapego— cultiva la flexibilidad que te permite cumplir todos tus objetivos vitales.

Aplica la ley del desapego en la práctica de yoga y en tu vida, comprometiéndote a seguir los tres pasos siguientes:

1. Practica el desapego. La meta del yoga es la flexibilidad, para la cual es fundamental el desapego. El desapego y la flexibilidad van de la mano; el apego crea rigidez, así pues has de comprometerte a no imponer tus ideas de cómo deberían ser la cosas de forma intransigente. Permítete a ti y a las personas que te rodean la libertad de ser naturales. Cobra conciencia de que cuando tratas de solucionar los problemas de forma forzada, a menudo creas nuevas dificultades que no existían previamente. Recuérdate a ti mismo actuar con una implicación desapegada en todo lo que hagas.

2. Considera la incertidumbre como un ingrediente esencial de tu experiencia y contempla cómo del caos surgen soluciones creativas a los problemas de forma espontánea. Cultiva una actitud de curiosidad e inocencia en tu vida y advierte cómo se desarrolla una

seguridad interior que es independiente de lo que te rodea.

3. Ríndete al campo de potencialidad pura. Combina una intención enfocada con el desapego por el resultado y observa cuán fácilmente puedes cumplir tus deseos manteniéndote centrado, incluso en medio de la confusión y la agitación.

Utiliza el mantra que resuena con la ley del desapego para recordarte abandonar la necesidad de control y, de ese modo, permitir que surjan soluciones creativas de la sabiduría de la incertidumbre.

Om Anandham Namah
Mis acciones están libres de apego a los resultados

LEY 7. LA LEY DEL *DHARMA* (O PROPÓSITO EN LA VIDA)

La séptima ley espiritual es la ley del *dharma*, la cual afirma que todo ser sintiente tiene un propósito en la vida. Posees unas habilidades únicas y un modo único de expresarlas. En este mundo existen necesidades que encajan perfectamente con tus dones específicos y cuando las necesidades del mundo coinciden con la expresión creativa de tus talentos, se cumple tu propósito: tu *dharma*.

Para vivir conforme a tu *dharma*, tu fuerza vital debe fluir sin esfuerzo ni interferencias. La práctica del yoga proporciona un mecanismo directo para liberar bloqueos energéticos del cuerpo. Cuando se eliminan los obstáculos que impiden el flujo de la energía vital, eres capaz de expresar aspectos más expandidos de tu ser. Una mayor compasión, sabiduría y alegría son señales de que la vida está fluyendo en consonancia con la ley del *dharma*.

La ley del *dharma* se compone de tres elementos fundamentales. El primero te recuerda que tu propósito último es descubrir tu Ser superior. Busca al dios o la diosa que mora en tu interior y que desea expresar el propósito sagrado para el que naciste. Accede a la conciencia testigo, ilimitada y eterna, que es la esencia de quien eres, y considérate un Ser atemporal e infinito que está viviendo una experiencia temporal.

El segundo elemento de la ley del *dharma* consiste en reconocer y expresar tus dones únicos. Reserva un tiempo para honrar tus dones innatos y elabora una lista de aquello que se te dé bien. Un modo de conectar con tu *dharma* es tener presente las cosas que realmente te encantan. Confecciona una lista de las actividades que te aportan felicidad tanto a ti como a los demás; podría tratarse de cantar, tocar el piano, enseñar gimnasia o cocinar. Tal vez seas especialmente bueno con la escucha profunda o la ayuda a los necesitados; pero al margen de cuáles sean tus talentos únicos, expresarlos te produce felicidad y satisfacción a ti y otras personas. Cuando actúas en consonancia con tu *dharma* y expresas tus dones, pierdes la noción del tiempo y accedes a un estado de conciencia atemporal.

El tercer elemento del *dharma* es el servicio a los demás. Las acciones que son acordes al *dharma* te benefician tanto a ti como a las personas a quienes afectan.

En el diálogo interior de una persona que vive en sintonía con su *dharma* surgen las siguientes preguntas: «¿Cómo puedo servir?» y «¿Cómo puedo ayudar?». Las respuestas a estos interrogantes te permitirán servir a tus semejantes con amor y compasión. Poner tus habilidades al servicio de los demás constituye la máxima expresión de la ley del *dharma*. Cuando tus expresiones creativas coinciden con las necesidades de otros seres humanos, fluye en tu vida la abundancia.

El yoga significa actuar conforme al *dharma*: mover el

cuerpo de forma correcta y consciente es la esencia de una vida en armonía con las leyes de la naturaleza. Cada célula, tejido y órgano de tu cuerpo tiene su *dharma*, que consiste en ejecutar su función y contribuir al buen funcionamiento de todo el organismo. El tubo digestivo lleva a cabo la tarea de secretar jugos gástricos, desplazar el bolo alimenticio, absorber nutrientes y eliminar toxinas. El sistema endocrino secreta hormonas esenciales que regulan el metabolismo, la reproducción, el crecimiento y la regeneración. El sistema circulatorio regula la presión sanguínea y el gasto cardiaco. Si bien cada uno de estos sistemas desempeña un papel específico, el propósito fundamental de su existencia es contribuir al buen funcionamiento de la totalidad de los procesos fisiológicos.

La práctica del yoga contribuye al desempeño del *dharma* de tu cuerpo. Cuando la energía vital fluye sin esfuerzo a través de cada célula, cada tejido y cada órgano, se está cumpliendo su *dharma*. Cuando eres capaz de expresar tus dones con naturalidad a consecuencia de la flexibilidad, el equilibrio y la fuerza adquirida durante la práctica de yoga, estás alineado con la ley del *dharma*. Cuando dejas que la inteligencia y la fuerza vital de la naturaleza fluyan a través de ti, este hecho te recuerda tu propósito más elevado: servir al mundo y contribuir al flujo evolutivo de la vida.

Aplica la ley del *dharma* en la práctica de yoga y en tu vida comprometiéndote a seguir los tres pasos siguientes:

1. Presta atención a la quietud silenciosa de tu interior que anima tu cuerpo y tu mente. Durante la sesión de yoga y a lo largo del día, dirige la atención al testigo silencioso que observa tus acciones y tus pensamientos.
2. Cobra conciencia de tus dones únicos y tus preferencias a la hora de expresarlos. En la práctica de yoga, fíjate en

las posturas que te resultan sencillas y utiliza esta información para conocer mejor tu constitución. Algunas personas son flexibles por naturaleza, otras tienen buena fuerza muscular o buen equilibrio de manera innata. Valora tus dotes naturales aunque te esfuerces por desarrollar otros nuevos en la práctica de yoga y en tu vida.

3. Cultiva una disposición interior de ayuda y servicio. Cuando detrás de tus acciones se esconda la intención de alinearte con tu *dharma*, las llevarás a cabo con éxito y con naturalidad. Al preguntarte «¿Cómo puedo ayudar?» y «¿Cómo puedo servir?» cumplirás tu propósito vital más profundo.

Utiliza el mantra que resuena con la ley del *dharma*, especialmente cuando experimentes lucha y conflicto. Emplear el mantra te ayudará a cambiar las bases de tu diálogo interno de «¿Cómo puedo sacar provecho?» a «¿Cómo puedo ayudar?».

Om Varunam Namah
Mi vida está en armonía con la ley cósmica

PON EN PRÁCTICA TUS NUEVAS PERCEPCIONES

Acabamos de explorar la teoría y filosofía del yoga. El yoga es tanto una ciencia de la acción como un modo de ver la vida. En los siguientes capítulos presentaremos las técnicas fundamentales que aplican de forma natural la teoría del yoga en la experiencia de la vida. La meditación, la regulación de la fuerza vital, el aprendizaje de cómo retener y hacer circular la energía y el movimiento consciente constituyen las técnicas fundamentales que has de dominar a fin de obtener todos los beneficios del yoga en el cuerpo, la mente y el alma.

Parte II

LA MEDITACIÓN
Y LA RESPIRACIÓN

5
La meditación: calmar la agitación de la mente

LA MENTE ES UN ÓRGANO GENERADOR de pensamientos; en la pantalla de la conciencia aparecen pensamientos incesantemente. Si tratas de detener los pensamientos con la intención de crear un espacio de quietud en la mente, es posible que la actividad mental se aquiete durante unos momentos, pero lo más probable es que surja de nuevo a máxima potencia.

La actividad de la mente se transmite a todas las células del organismo. Cuando tu mente está agitada, las moléculas mensajeras transmiten esa alteración a las células, los tejidos y los órganos; en cambio, cuando consigues aquietarla, envías mensajes de paz y armonía a cada célula del cuerpo. Con objeto de experimentar la verdadera esencia del yoga —la plena integración del cuerpo, la mente y el espíritu— has de desarrollar la capacidad de calmar la agitación mental.

Un pensamiento es un paquete de energía e información. El yoga sostiene que los pensamientos pueden ser clasificados como recuerdos o como deseos. Cuando tu mente está activa, estás pensando en algo que ocurrió en el pasado, o bien estás previendo algún acontecimiento futuro. El término sánscrito empleado para «recuerdo» o «impresión del pasado» es *sanskara*, y el utilizado para deseo, *vasana*.

Las impresiones originan deseos; cuando ves un anuncio de un coche llamativo, de un lugar tropical de vacaciones o de un vestido de diseño, queda grabada una impresión en la mente que puede dar lugar a un deseo. Como resultado de este deseo, te ves impulsado a llevar a cabo una nueva acción, como acudir a un concesionario de coches, llamar a una agencia de viajes o visitar una *boutique* de la zona.

La acción que surge del deseo se denomina karma. Este ciclo interminable de impresiones que provocan acciones que generan nuevas impresiones constituye el circuito que mantiene a tu mente activa en todo momento. Podemos considerar este circuito de *sanskara*, *vasana* y karma como el *software* del alma. Siempre que se producen pensamientos, tu mente recorre el mismo ciclo de acción... impresión... deseo... acción... impresión... deseo... acción.

La meditación constituye una técnica que te permite escapar de este ciclo de forma temporal. A través del proceso de centrar suavemente la atención (conocido en yoga como *dharana*) y ser testigo imparcial de las formas de pensamiento que aparecen y desaparecen en la mente (*dhyana*), accedes al espacio que existe entre un pensamiento y otro, y vislumbras el ámbito de la conciencia sin límites (*samadhi*). Al conducir la mente desde un estado restringido hacia una expansión de la conciencia, la meditación te ofrece el camino más directo para activar la ley de la potencialidad pura en tu vida.

Las opciones son limitadas mientras la mente está centrada en un recuerdo o deseo específico. La gente suele quedarse atrapada en patrones de pensamiento habituales y se sienten estancados en una situación porque no son capaces de imaginar otras posibilidades. Trascender los condicionamientos y acceder al campo de potencialidad pura a través de la meditación genera nuevas posibilidades creativas que no estaban disponibles previamente.

Si bien la meditación puede adoptar multitud de formas diferentes, existe un factor común: todas las técnicas de meditación te sacan de la mente condicionada y te permiten acceder a la mente no condicionada. Esto se consigue al experimentar un pensamiento en sus aspectos menos definidos y más sutiles hasta que finalmente lo experimentas tal como surge del campo no local de tu conciencia. A medida que vas familiarizándote con la experiencia de la formación de los pensamientos, tu identidad va dejando de estar en la mente para situarse en el alma.

En la meditación, puedes concentrarte en diversos objetos y refinar tu percepción en cualquier modalidad sensorial. Puedes centrar la atención en alguna música, una canción, un tamborileo o el sonido de tu respiración; puedes usar símbolos visuales como la llama de una vela, fotografías de seres queridos o la visión de un atardecer para expandir tu conciencia; puedes acceder a la conciencia no local a través del tacto —desde el masaje terapéutico hasta el éxtasis sexual—; e incluso puedes trascender temporalmente el tiempo y el espacio mediante el sentido del gusto y el olfato.

Es posible refinar cada una de las experiencias de la mente para ampliar la conciencia. Este estado mental expandido constituye la expresión última de la ley de potencialidad pura, ya que todas las posibilidades surgen de este campo de conciencia ilimitada.

Los pensamientos se originan en ese ámbito de conciencia que trasciende al pensamiento, al que puede accederse por medio de la meditación, antes de aparecer en la mente. Una antigua y potente técnica de meditación consiste en preguntarse «¿Quién está pensando?». Mediante una indagación continuada, tomas conciencia de que los pensamientos nacen en un ámbito de la conciencia más profundo sobre el que la mente no ejerce ningún control.

En la tradición yóguica, la meditación suele conllevar el uso de un mantra o sonido primordial. El término «mantra» significa «instrumento o vehículo de la mente». Los mantras se utilizan para desplazar la conciencia desde la implicación con la esfera cambiante de la vida, a la inmersión en el estado de ser expandido que está más allá de todo principio y todo final. Estas vibraciones, que han venido utilizándose durante miles de años para aquietar la actividad mental, son sonidos agradables y resonantes, sin un significado específico que mantenga la activación de la mente, la cual se produce por medio de la asociación de ideas. Si escuchas tu mente, es posible que suene parecido a esto:

> *Tengo que reducir la deuda de la tarjeta de crédito... La verdad es que no me hacía falta comprar ese jersey... Pero necesitaba algo que ponerme en la fiesta de Stan... La comida fue excelente... ¡Ojalá no hubiera comido tanto!... La semana que viene empiezo a hacer ejercicio sin falta... Voy a intentar convencer a Tanya para que salga conmigo... ¿Habrá conseguido ese puesto que había solicitado?... Y así sucesivamente.*

El empleo de un mantra interrumpe temporalmente el proceso de asociación incesante que mantiene activa la mente. La incorporación de un pensamiento carente de significado rompe el ciclo de forma momentánea y te permite vislumbrar el espacio silencioso que se produce entre un pensamiento y otro. Esto representa el inicio de una transformación en la que dejas atrás la identificación con tu mente y comienzas a identificarte con el espíritu.

El mantra más conocido es el sonido *aum* u *om*, al que se considera tradicionalmente el sonido subyacente en la creación del universo. Emplear el sonido que representa el punto de unión entre el ámbito de lo local y lo no local puede reconectarte con el campo de conciencia del que surge la mente.

En el Chopra Center enseñamos una técnica de meditación con mantras llamada meditación del sonido primordial, la cual asigna a cada persona uno de entre 108 mantras, según su fecha y lugar de nacimiento. Esta meditación requiere una enseñanza personalizada ofrecida por nuestros instructores de meditación certificados en la mayor parte de las ciudades del mundo.

De acuerdo con la teoría en la que se basa esta meditación, el universo expresa una frecuencia vibratoria variable en los diferentes momentos del día. Para entender este principio, considera que el ambiente es perceptiblemente distinto al amanecer que al mediodía o al anochecer. En el transcurso de un mes lunar, el «sonido» del mundo cambia alrededor de 108 veces. Se asigna uno de estos 108 sonidos según la hora, la fecha y el lugar de nacimiento de cada persona. Se dice que este sonido primordial o mantra representa el sonido del cosmos en la intersección entre la potencialidad y la individualidad, ya que hasta que no salimos a través del canal del parto somos seres humanos en potencia. Este sonido primordial puede usarse como un vehículo de meditación que te transporte a través del umbral de la individualidad hacia la universalidad, el objetivo último de la meditación.

Meditación de los *chakras*

Otro tipo de meditación consiste en entonar mantras en voz alta, a fin de crear una resonancia sanadora en la mente y el cuerpo. Existen mantras asociados a cada uno de los siete centros energéticos del cuerpo conocidos como *chakras*. Los *chakras* son puntos de unión principales entre la conciencia y el cuerpo, y cada uno de ellos está relacionado con una vibración específica. Los videntes de la antigüedad los describieron como ruedas o vórtices de fuerza vital, y a veces se los ha asociado a las redes neuronales o los sistemas hormonales más importantes.

CHAKRA	ASOCIACIÓN NEURONAL	ASOCIACIÓN HORMONAL
Primero: raíz	Plexo sacral	Glándulas suprarrenales
Segundo: creatividad	Plexo lumbar	Glándulas reproductoras
Tercero: energía	Plexo solar	Páncreas (insulina)
Cuarto: corazón	Plexo cardiaco	Glándula timo
Quinto: expresión	Plexo cervical	Glándula tiroides
Sexto: intuición	Plexo carótido	Glándula pituitaria
Séptimo: conciencia	Corteza cerebral	Glándula pineal

Cada centro identifica una necesidad humana básica. Cuando un *chakra* está abierto, la energía que fluye a través de él te permite satisfacer esas necesidades con más facilidad, pero si existe un bloqueo en una zona del cuerpo o la mente, la energía se estanca y se vuelve más complicado materializar tus intenciones. Puedes activar cada centro dirigiendo la atención a la ubicación del *chakra* concreto y recitando en voz alta el mantra correspondiente.

Para iniciar esta meditación siéntate en una posición cómoda con la columna erguida. Cierra los ojos y visualiza la localización del centro energético en el que deseas concentrarte. Respira profundamente y canta el mantra en una sílaba continua mientras inspiras. Fíjate en las sensaciones de tu cuerpo y en la sensación de calma vigilante que experimenta la mente tras cada mantra. Imagina que la energía fluye de forma natural desde la base de la columna a través de los di-

ferentes centros energéticos y llega hasta la
coronilla. Percátate de cómo te sientes durante la meditación y de qué modo te afecta cuando retomas la actividad.

EL PRIMER CENTRO: EL *CHAKRA* RAÍZ

El *chakra* raíz, conocido en sánscrito como *Muladhara*,
está situado en la base de la columna vertebral. Controla las
necesidades básicas de supervivencia; cuando la energía fluye
libremente a través de este centro, tienes confianza en que
podrás satisfacer estas necesidades sin esfuerzo; en cambio,
cuando existe un bloqueo en esta zona tiendes a sentir preo-
cupación y ansiedad.

Este primer centro energético está regido por la ley del
karma. En el plano físico, cada acción genera una reacción
correspondiente. Con objeto de potenciar al máximo la posibilidad de que tus acciones produzcan reacciones evolutivas,
puedes usar tu cuerpo como un instrumento que guíe tus
elecciones; para ello, considera las posibilidades que tienes
delante y escucha las señales de tu cuerpo. Estas sensaciones
generadas por el *chakra* raíz son placenteras o desagradables.

Tu cuerpo evalúa cualquier decisión posible en función de
si satisface tu necesidad de seguridad o, por el contrario, sirve
para incrementar el temor. El primer *chakra* te conecta con
la tierra y te proporciona información esencial sobre el potencial beneficio o perjuicio derivado de tus acciones. Mantener
un flujo energético sin restricciones en este *chakra* resulta
clave para la abundancia física y emocional.

El color de este centro energético es el rojo. Está asociado
con el elemento tierra y el sentido del olfato.

Lam es el mantra correspondiente al primer *chakra*.

EL SEGUNDO CENTRO: EL *CHAKRA* DE LA CREATIVIDAD

El segundo *chakra*, llamado *Svadhisthana*, está relacionado con la creatividad y todas sus expresiones. Está situado en la zona de los órganos sexuales, y su energía puede emplearse para la reproducción biológica. Al ser canalizada hacia otros centros energéticos más elevados, alimenta la fuerza creativa que te permite pintar un bello cuadro, escribir una novela, interpretar una pieza musical o crear una vida de amor y abundancia.

La ley del mínimo esfuerzo está asociada a este segundo *chakra*. Cuando la energía vital fluye a través de este centro, te conviertes en cocreador de tu vida.

La solución de un problema rara vez se encuentra en el mismo nivel donde se ha creado, sino en un ámbito de creatividad más profundo. La creatividad consiste en tomar un material e instaurar diferentes contextos y relaciones entre sus componentes. Cuando una pintora crea una obra maestra, mezcla los pigmentos de tal manera que consigue una creación única; cuando un compositor crea música, establece relaciones innovadoras entre las notas que originan una pieza musical inédita; cuando un novelista relaciona de forma novedosa las letras y las palabras, permite que surja una historia inexistente hasta entonces.

Cuando estás alineado con tu capacidad creadora, la expresión creativa surge de forma natural. El segundo *chakra* utiliza la materia prima del *chakra* raíz para inventar un mundo nuevo cada día.

El color de este segundo centro energético es el naranja. Está relacionado con el elemento agua y el sentido del gusto. *Vam* es el mantra correspondiente al segundo *chakra*.

El tercer centro: el *chakra* de la energía

El tercer *chakra*, llamado *Manipura*, está situado en el plexo solar. Es la sede de tu poder individual. Cuando la energía fluye libremente a través de este centro, eres capaz de convertir en hechos tus intenciones y deseos; por el contrario, cuando está bloqueado, te sientes frustrado e inútil.

Las semillas de las intenciones y los deseos residen en tu alma personal. Alimentar con atención las semillas que deseas hacer germinar conduce a su expresión plena. El tercer *chakra* está regido por la ley de la intención y el deseo. Es importante que tengas claro qué quieres para no llevarte una sorpresa cuando coseches el resultado. El proceso de manifestación de los deseos consiste en tomar conciencia de tus intenciones, expandir la conciencia a través de la meditación y soltarlas desapegándote del resultado.

Aunque puedes controlar tus acciones, no ejerces control sobre sus consecuencias. Mantén el flujo libre de la energía vital a través del tercer *chakra* y la luz y el calor de tus intenciones se irradiará en el mundo.

El color del tercer centro energético es el amarillo, como el sol. Está asociado con el elemento fuego y el sentido de la vista.

Ram es el mantra utilizado para despejar y activar este *chakra*.

El cuarto centro: el *chakra* del corazón

El cuarto *chakra* representa la energía unificadora del amor y la compasión. Se lo conoce como *Anahata* y ejerce la función de superar la separación y la división. Cuando el centro del corazón está bloqueado, se produce un sentimiento de separación de los demás; por el contrario, cuando la energía fluye libremente por este centro, sientes una conexión profunda con todos los seres.

El chakra del corazón está regido por la ley de dar y recibir. El amor puede adoptar multitud de formas diversas en las diferentes etapas de la existencia. El amor de un niño por su madre es diferente del amor que siente ella por él. El amor de un amigo es diferente del amor apasionado de un amante o del amor de un alumno por su profesor. El factor común en todas estas expresiones del amor es el impulso de unir para eliminar la separación. Esta es la naturaleza del corazón.

La ley de dar y recibir, expresada a través del cuarto *chakra*, establece el principio de que el corazón es el órgano que hace circular el amor. La relación entre el corazón físico y el corazón emocional es más que metafórica. Diversos estudios han demostrado que entre los pacientes aquejados de un infarto reciente, los hombres que se sentían amados por sus mujeres sufrían menos complicaciones y presentaban mejores resultados que los hombres que tenían matrimonios conflictivos. Las personas que perciben el mundo como un lugar hostil presentan mayor riesgo de sufrir ataques cardiacos prematuros que quienes ven el mundo como un lugar acogedor. El simple hecho de que una enfermera realice una llamada telefónica para interesarse por el bienestar de pacientes que han sido dados de alta de la unidad de cuidados coronarios puede reducir el riesgo de una nueva hospitalización.

Todo acto de dar es al mismo tiempo un acto de recibir. Cada vez que aceptas un obsequio con alegría, estás ofreciendo a otra persona la oportunidad de dar. Al igual que un corazón físico sano toma sangre de la periferia, que es oxigenada e impulsada hacia todo el organismo, el corazón emocional se mantiene sano dando y recibiendo amor en todas sus formas.

El color del cuarto centro energético es el verde. Cuando la energía fluye sin obstáculos es un verde nutritivo; pero cuando está congestionado, puede ser un verde de envidia. Está asociado con el elemento aire y el sentido del tacto. *Yum* es el mantra utilizado para activar el cuarto *chakra*.

El quinto centro: el *chakra* de la expresión

El *chakra* de la garganta, llamado *Vishuddha* en sánscrito, es el centro de la expresión. Cuando la energía fluye libremente por este centro sientes que eres capaz de comunicar tus necesidades, pero cuando está obstruido no te sientes escuchado. Para sentirse vivo y empoderado, es importante que esté despejado. Los bloqueos energéticos en esta zona suelen ir asociados con problemas de tiroides o dolor de cuello crónico.

El *chakra* de la garganta está regido por la ley del desapego. Un quinto *chakra* abierto te permite expresar tu parecer sin preocuparte de censuras ni críticas; esto no significa que digas cosas ofensivas o insensibles intencionadamente; más bien al contrario, las personas que tienen un centro de comunicación activo son hábiles en transmitir sus necesidades de forma constructiva. La ansiedad sobre cómo reaccionarán los demás ante tus puntos de vista no surge cuando la energía fluye sin obstáculos a través del *chakra* de la expresión.

La ley del desapego te recuerda que si bien puedes escoger tus palabras y acciones, no puedes ejercer control sobre la respuesta que suscitan. Cuando tus intenciones están claras y tu corazón abierto, se produce una expresión correcta de manera espontánea ante la confianza de que el universo se hará cargo de los detalles.

El color del quinto centro energético es el azul. Está asociado con el elemento éter o espacio, y con el sentido del oído. *Hum* es el mantra utilizado para abrir el quinto *chakra*.

EL SEXTO CENTRO: EL *CHAKRA* DE LA INTUICIÓN

El sexto centro de energía se conoce también como el tercer ojo. El sexto *chakra* —llamado *Ajna* en sánscrito— está situado en la frente y es el centro de la intuición y la visión profunda. Cuando está abierto, experimentas una honda sensación de conexión con tu voz interior y sientes que eres guiado en tus decisiones; en cambio, cuando se halla bloqueado sientes desconfianza y dudas de ti mismo. La apertura de este *chakra* suele asociarse a una clara sensación de conexión con tu *dharma* o propósito en la vida.

El sexto *chakra* está regido por la ley del *dharma* o del propósito en la vida. Albergas en tu interior una voz de sabiduría que te orienta hacia la expresión de los aspectos más elevados de tu naturaleza; escucha esta voz interior del silencio que te lleva a manifestar todo tu potencial y acalla la agitación interna suscitada por voces ajenas para poder identificar la voz de tu propia alma, cuyo único deseo es que recuerdes tu naturaleza esencial como una chispa de lo divino.

El color del sexto centro de energía es el índigo. Está asociado con capacidades de percepción extrasensoriales tales como la clarividencia, la clariaudiencia, la visión remota, así como con el sonido interior, el cual no depende de vibraciones externas.

Sham es el mantra utilizado para activar el sexto *chakra*.

El séptimo centro: el *chakra* de la conciencia

Este centro, conocido como *Sahaswara*, puede visualizarse como una flor de loto en la coronilla. Cuando el loto despliega sus pétalos, se restablece el recuerdo de la unidad y recuerdas que tu naturaleza esencial es ilimitada y que eres espíritu disfrazado de un ser humano. Esta es la expresión plena del yoga: la unificación del ser y la acción, de la universalidad y la individualidad.

El séptimo *chakra* está regido por la ley de la potencialidad pura. Cuando tus raíces reciben alimento de la tierra a través del primer *chakra*, tu expresión creativa fluye a través del segundo *chakra*, tus intenciones son empoderadas a través del tercer *chakra*, tu corazón está abierto e intercambia amor con los que te rodean a través del cuarto *chakra*, tu ser superior se expresa de forma espontánea a través del quinto *chakra*, y estás en contacto con tu voz interior a través del sexto *chakra*, la energía asciende al *chakra* corona y recuerdas que tu naturaleza esencial es infinita e ilimitada. Florece el loto de mil pétalos y te reconoces como un ser espiritual localizado en un cuerpo-mente de forma temporal.

Cuando tomas conciencia de la universalidad subyacente en tu individualidad, accedes a todo tu potencial. Tu identidad se transforma del ámbito de lo local al de lo no local, de la restricción a la expansión. El miedo y la ansiedad se desvanecen al tener una actitud de desapego hacia los resultados en la confianza de que el universo está manifestándose de la mejor forma posible.

El color del séptimo centro energético es el violeta. Está asociado con la compasión que brota cuando reconoces al otro como un reflejo de ti mismo y con la luz interior que ilumina desde la llama eterna de la sabiduría sagrada.

Aum es el mantra utilizado para potenciar el séptimo *chakra*.

La meditación *So Hum*

Cada técnica de meditación aporta algo valioso a la mente y el cuerpo. Creemos que las técnicas que ayudan a aquietar la mente te permiten vislumbrar el espacio silencioso que surge entre los pensamientos y contribuyen a expandir la conciencia y sanar el cuerpo. Existe una técnica de meditación fácil de aprender y sumamente simple y eficaz que emplea la respiración, junto con un mantra basado en la respiración, para calmar la mente y relajar el cuerpo. Si no te es posible aprender la meditación del sonido primordial con un profesor cualificado, la meditación *So Hum* (pronunciado en español So Jam) que explicamos a continuación te conducirá desde un estado restringido hacia una expansión de la conciencia en la que estés alineado con la ley de la potencialidad pura.

Te recomendamos que practiques esta meditación de veinte a treinta minutos dos veces al día, por la mañana al levantarte y antes de la cena. Aunque a algunas personas les resulta difícil conciliar el sueño si meditan antes de dormir, puede que descubras que al meditar a la hora de acostarte consigues mitigar la agitación mental generada por la actividad diaria y te duermes con facilidad tras finalizar la práctica.

1. Siéntate en una posición cómoda en un lugar donde no vayas a sufrir interrupciones y cierra los ojos.
2. Observa la salida y entrada del aire durante unos minutos.
3. Ahora inspira lenta y profundamente por la nariz pronunciando en silencio la palabra *So*.

4. Espira lentamente por la nariz pronunciando en silencio la palabra *Hum*.

5. Deja fluir la respiración, repitiendo mentalmente *So... Hum...* con la entrada y salida del aire.

6. Cada vez que la atención se desvíe hacia los pensamientos que surjan en tu mente, los sonidos del entorno o las sensaciones de tu cuerpo, regresa suavemente a la respiración, repitiendo en silencio *So... Hum*.

7. Continúa este proceso de veinte a treinta minutos con una actitud de simplicidad y ausencia de esfuerzo.

8. Para terminar, permanece sentado con los ojos cerrados durante un par de minutos antes de proseguir con la actividad diaria.

Las experiencias de la meditación

Aunque es posible que tengas diversas experiencias durante la práctica meditativa, estas pueden clasificarse en unas cuantas categorías básicas.

La conciencia del mantra

La repetición del mantra *So Hum* no ha de costarte ningún esfuerzo. No es necesario que lo pronuncies claramente en silencio, sino que mantengas una sensación imprecisa del mantra como una vibración, un impulso o un sonido sutil. Se trata más de escuchar su sonido que de sentir la presión de expresarlo. Cada vez que cambie la velocidad, el ritmo o la pronunciación del mantra, deja que suceda sin tratar de controlar el proceso.

La conciencia de los pensamientos

La queja más habitual de los meditadores principiantes es que tienen demasiados pensamientos. Los pensamientos constituyen un elemento natural de la meditación y no es posible dejar de pensar a la fuerza. En el transcurso de una meditación habrá múltiples ocasiones en las que la mente desviará la atención del mantra para dirigirla hacia los pensamientos. Es posible que te descubras pensando en algo que ocurrió en el pasado, o bien previendo algún acontecimiento futuro, o que te entretengas con las sensaciones físicas que experimentas o con los sonidos del entorno.

Cuando te percates de que la atención se ha desviado del mantra, vuelve a centrarla en este. Ya estés pensando en lo que quieres para comer, en una película que viste ayer, en un problema laboral o en una profunda revelación cósmica, cada vez que te des cuenta de que estás pensando en algo —lo que sea—, suavemente, sin tensión, dirige de nuevo la atención al mantra.

El sueño

Si tu cuerpo se encuentra fatigado a la hora de la meditación, es posible que acabes durmiéndote. No luches contra el impulso de dormirte. La meditación constituye una oportunidad para volver a equilibrar el cuerpo y la mente; si necesitan descanso, permíteselo. Cuando te despiertes, incorpórate y sigue meditando con el mantra durante unos diez minutos.

Si te quedas dormido en la mayor parte de las meditaciones, lo más probable es que no estés descansando lo suficiente por la noche. Un sueño reparador es un importante componente de un estilo de vida equilibrado. Conviene que hagas ejercicio regularmente, evites los estimulantes innecesarios durante el día y elimines el consumo de alcohol, sobre todo antes de acostarte. Trata de estar en la cama con la luz apagada alrededor de las diez de la noche.

La conciencia pura

Cuando la mente vaya aquietándose durante la meditación, vivirás momentos en los que se produzca una ausencia de pensamientos y solo haya conciencia. Denominamos a esta experiencia «acceder a la brecha». Ya no hay mantra ni pensamientos. La mente ha abandonado temporalmente el apego al tiempo y el espacio y está inmersa en el reino eterno e infinito de la conciencia pura. Se trata de una experiencia que también se conoce como *samadhi*. Con la práctica regular, la conciencia expansiva que vislumbras durante la meditación comienza a impregnar toda tu vida y la relajación que has conseguido se extiende a tus actividades. La habilidad de experimentar de forma consciente y simultánea la conciencia no local y local es la esencia del yoga: desde una conciencia de unidad vivir plenamente integrado en el mundo de formas y fenómenos.

Las siete leyes espirituales están vigentes durante la meditación. El proceso está regido por la ley de la potencialidad pura, que conduce a la mente al ámbito de todas las posibilidades, más allá del pensamiento. Permitir el ir y venir de la actividad mental sin limitaciones expresa el principio de la ley de dar y recibir, y no alimentar los pensamientos que aparecen te permite trascender la ley del karma. Pero el principio fundamental de la meditación es la ley del mínimo esfuerzo, pues el campo de conciencia no local es también el ámbito del mínimo esfuerzo; además, no es posible acceder a un estado de conciencia no local, más allá del pensamiento, el tiempo, el espacio y la causalidad, por la fuerza, sino mediante la ley de la intención y el deseo, al albergar la intención de renunciar a la necesidad de controlar, luchar o anticipar durante la práctica meditativa. La ley del desapego también resulta esencial, ya que el único modo de penetrar en el campo de conciencia ilimitada es soltar todo aquello a lo que nos aferramos. Por último, la ley del *dharma* también está activa, al ser la naturaleza de la mente buscar reinos de dicha y sabiduría cada vez más amplios; el *dharma* de la mente es expandirse durante la meditación. Aflojar las resistencias y dejar que el proceso tenga lugar con confianza es una técnica probada que ayuda a trascender el pensamiento y calmar la mente.

La meditación de la atención y la intención

Cuando hayas adquirido algo de práctica en aquietar la agitación de la mente a través de la meditación, puedes activar un proceso de sanación y transformación en el cuerpo por medio de la atención y la intención conscientes. Como hemos mencionado antes, los yoguis consumados son capaces de regular funciones fisiológicas básicas por medio de técnicas internas que centran la atención y la intención. Puedes aprender a ralentizar el latido cardiaco, elevar la temperatura corporal y ejercer influencia en la circulación sanguínea. Te animamos a que pruebes esta sencilla meditación de la atención y la intención para que compruebes por ti mismo la estrecha relación que existe entre el cuerpo y la mente.

1. Siéntate en una posición cómoda, cierra los ojos y respira lenta y profundamente. Espira pausadamente, libe-

rando cualquier tensión presente en tu cuerpo. Durante unos minutos practica la meditación *So Hum* descrita previamente, o bien la meditación del sonido primordial si hubieras recibido la instrucción correspondiente.

2. Ahora dirige la atención a la zona del corazón. Percibe unos instantes las sensaciones que se producen en tu corazón y considera todo aquello por lo que te sientes agradecido durante unos minutos. Reconoce cada aspecto de tu vida por el que experimentes gratitud: las personas, el amor, las vivencias y las oportunidades que te han llevado a ser quien eres.

3. Ahora dedica un rato a abandonar cualquier sensación de agravio, pesar u hostilidad que mantengas en tu interior. Simplemente, alberga la intención de deshacerte de todo sentimiento tóxico que no sea nutritivo para tu corazón.

4. A continuación, repite a modo de mantra lo siguiente: «Hágase tu voluntad»… «Hágase tu voluntad»… «Hágase tu voluntad». Resuelve rendirte a aquello que imagines o creas que es la inteligencia subyacente del universo, ya sea Dios, la Naturaleza, el Orden Cósmico o cualquier otro concepto que tengas.

5. Con la atención en el pecho, prueba a tratar de percibir el latido de tu corazón, como una sensación o como una vibración sutil. Formula la intención de que el latido reduzca su velocidad: «Afloja el ritmo»… «Afloja el ritmo»… «Afloja el ritmo»…

6. Desplaza la atención a las manos y trata de percibir el latido cardiaco en ellas. Proponte aumentar el flujo sanguíneo y la calidez de tus manos.

7. Ahora dirige la atención a cualquier parte del cuerpo que creas que necesita sanarse y siente el pausado latido de tu corazón en esa zona. Si sientes que no hay

ninguna parte del cuerpo con necesidad de atención, simplemente fíjate en el latido del corazón en el pecho. En silencio, a modo de mantra, repite la frase: «Sanación y transformación»... «Sanación y transformación»... «Sanación y transformación»...

8. Después de unos minutos, centra la atención en la respiración y observa la entrada y salida del aire. Cuando estés listo para acabar, abre lentamente los ojos.

EL YOGA DE LA MEDITACIÓN

Las Upanishads nos enseñan que «tan grande como el espacio infinito es el espacio interior del loto del corazón». Si bien llevas explorando el mundo exterior desde el momento de tu nacimiento, la meditación constituye la exploración de tu mundo interior. El yoga te incita a familiarizarte con tu espacio interno, compuesto de pensamientos, sentimientos, recuerdos, deseos y fantasías, al igual que lo estás con el ámbito externo, condicionado por el tiempo, el espacio y la causalidad. Cuando te mueves por ambos mundos con libertad y destreza, cumples el propósito más elevado del yoga.

6
Mover la energía:
el pranayama *y los* bandhas

*¿Por qué continúas en esa prisión cuando
la puerta está abierta de par en par?*

RUMI

LA RESPIRACIÓN CONSTITUYE la esencia de la vida. Inspiras por primera vez poco después de llegar a este mundo, incluso antes de haberse cortado el cordón umbilical. Desde ese momento, realizas alrededor de diecisiete mil respiraciones diarias, que a lo largo de toda una vida suman unos quinientos millones de respiraciones. En los últimos momentos en este planeta, espiras por última vez y esa exhalación marca el final de tu vida. La respiración sustenta cada una de tus experiencias desde la primera hasta la última inspiración. La respiración es vida.

En el yoga, la respiración está estrechamente asociada con el *prana*, que en sánscrito significa «impulso primordial». El *prana* es la fuerza vital primordial que dirige todas las funciones mentales y físicas. Es la energía vital que convierte las moléculas inertes en seres biológicos en evolución, con capacidad de autosanación. Es el principal poder creador del cosmos.

Aprender a regular el *prana* para calmar, equilibrar, limpiar y vigorizar el cuerpo y la mente constituye una poderosa técnica del yoga. La respiración integra múltiples dimensiones de tu vida: tu entorno, tu tráquea, tu sistema nervioso, tu mente y todas las células de tu cuerpo.

El control de la respiración mejora tu bienestar físico, emocional y espiritual: es la clave para una vida saludable y dinámica.

Para la mayoría de la gente, la respiración es la única función del sistema nervioso autónomo sobre la que es posible influir. La fisiología moderna clasifica el sistema nervioso en dos componentes principales: el sistema nervioso somático y el sistema nervioso autónomo. El primero se activa al aplaudir, mover los brazos o caminar; es responsable de activar los músculos que forman las cientos de expresiones faciales que efectúas cada día, así como los que controlan el habla. Aunque muchas de estas funciones tienen lugar con una intención consciente mínima, posees la capacidad de decidir si utilizar o no estos grupos musculares según te parezca.

Por su parte, el segundo rige funciones corporales básicas, en las que normalmente no te es posible intervenir, entre las que se encuentran funciones fisiológicas como el ritmo cardiaco, la presión sanguínea, la regulación de la temperatura, el nivel de hormonas en el organismo, el sudor y el desplazamiento del bolo alimenticio a través del tubo digestivo. El sistema nervioso autónomo también desempeña un papel importante en la regulación del sistema inmune. La neurología moderna sugiere que la mayoría de la gente es incapaz de influir directamente en estos procesos fisiológicos básicos: funcionan por su cuenta, tanto si les prestas atención como si no y tanto si tratas de modificarlos como si no. Casi nadie sabe cómo influir en la presión de la sangre, modificar el flujo sanguíneo, reducir el sudor o intervenir en la función digestiva.

Sin embargo, diversos estudios realizados con practicantes de yoga han descubierto que con práctica es posible aprender a reducir la presión sanguínea, ralentizar el ritmo cardiaco, disminuir el consumo de oxígeno, modificar la circulación sanguínea y rebajar el nivel de hormonas del estrés. Si bien aprender a controlar estas funciones que generalmente llevamos a cabo de forma automática requiere el desarrollo de un conjunto de habilidades diferentes a las que utilizamos para montar en bicicleta o chutar un balón, es posible dominarlas con un poco de práctica. Aprender a controlar la respiración es el primer paso para descubrir cómo influir en otras funciones involuntarias esenciales.

En realidad, la respiración no necesita de tu atención consciente para captar el oxígeno o eliminar el dióxido de carbono, lo cual es un hecho positivo. Día y noche, los centros respiratorios del cerebro monitorizan el nivel de gases de tu cuerpo y ajustan el ritmo y la profundidad respiratoria de forma automática. Como cualquiera que padezca asma puede confirmar, no es deseable tener que prestar atención a la respiración para poder obtener suficiente oxígeno.

Todo ser humano es capaz de anular el control autónomo de la respiración, acelerándola, ralentizándola o suspendiéndola. La alteración consciente del proceso respiratorio, el cual tiene lugar normalmente de forma automática, ejerce un poderoso efecto en la mente y en el cuerpo y te ayuda a influir en otras funciones involuntarias. Si bien es posible modificarlo centrando la atención en la respiración, tan pronto como deja de haber un control consciente, el sistema nervioso autónomo vuelve a tomar el mando.

A través de la práctica yóguica de ejercicios respiratorios conocida como *pranayama*, puedes utilizar la respiración para influir en tu estado físico y mental. El yoga describe diversas técnicas cuyo objetivo es relajar o vigorizar el cuerpo y la mente. Son fáciles de aprender y tienen efectos rápidos y potentes.

LOS EJERCICIOS DE *PRANAYAMA*

Puedes aprender mucho sobre la vida prestando atención a la respiración. Te proponemos que respires hondo y retengas la respiración en este preciso instante: siente el malestar creciente que va aumentando a medida que opones resistencia al impulso natural de soltarlo; cuando te resulte demasiado incómodo, espira fijándote en la sensación de alivio inmediato. Aferrarse a algo cuando es momento de soltarlo genera malestar en el cuerpo y en la mente. Ahora respira llenando los pulmones por completo y aguanta la respiración: toma conciencia del malestar creciente que surge cuando opones resistencia a la entrada en tu vida de algo que debes aceptar y fíjate en el alivio que sientes al respirar de nuevo.

Ingerir, absorber, liberar y eliminar son los componentes esenciales para una vida sana y natural. Cuando estas funciones básicas se llevan a cabo correctamente, absorbes lo necesario y eliminas lo superfluo, lo cual posibilita la nutrición y la depuración. Cuando das un mordisco a una manzana, por ejemplo, aunque estás ingiriendo un potencial alimento, la energía y la información contenida en la fruta no están disponibles hasta que sus nutrientes básicos no son absorbidos por el intestino delgado. Cada sustancia que absorbes incluye elementos superfluos, de modo que un sistema digestivo sano transporta el material residual hacia el colon. Es necesario eliminar los residuos de la digestión regularmente para conservar la salud.

Pues bien, estos mismos pasos son aplicables al ámbito de las emociones. Cuando la gente entabla relaciones de gran intensidad emocional, por lo general ingieren más energía e información emocional de la que son capaces de digerir. Así pues, para mantener una vida emocional saludable, hemos de absorber de forma selectiva aquellos aspectos que nos nutren y eliminar aquellos que podrían resultarnos tóxicos si los retenemos.

La ley de dar y recibir está vigente durante toda la práctica de los ejercicios de *pranayama*. La respiración consciente significa centrar la atención en el intercambio constante que tiene lugar entre el cuerpo físico y el cuerpo extendido del entorno. Con cada respiración, intercambias diez cuatrillones de átomos con lo que te rodea. Los átomos que inspiras cada día han atravesado los cuerpos de diversos seres vivos a través del espacio y del tiempo. Ahora mismo contienes átomos de carbono en tu interior que una vez habitaron el cuerpo de un guepardo en África, un delfín en el sur del Pacífico, una palmera en Tahití o bien un aborigen australiano; en última instancia, cada partícula de tu cuerpo fue polvo de estrellas originado en los albores del universo. De este modo, la respiración constituye un testimonio continuo de la ley de dar y recibir.

La respiración consciente es también una expresión de la ley del mínimo esfuerzo y de la ley del *dharma*. En un cuerpo saludable, la respiración es un proceso natural que aumenta o reduce su ritmo o se vuelve más profundo o superficial ante el más mínimo cambio en las necesidades energéticas del organismo. El oxígeno que respiras sustenta el propósito (*dharma*) de cada célula del cuerpo y permite que cada una desarrolle sus capacidades únicas al servicio de la totalidad del organismo.

Los ejercicios de *pranayama* limpian los canales que te permiten intercambiar tu energía personal con la energía del universo de forma natural y fluida tanto en el plano físico como en el emocional. La energía vital, cuando es dirigida conscientemente, puede emplearse para la creatividad y la sanación. Los ejercicios de *pranayama* constituyen una herramienta para ayudarte a canalizar la fuerza vital de formas evolutivas que te aporten mayores niveles de bienestar físico y emocional.

Bhastrika *o respiración del fuelle*

Cuando por tu cuerpo circula una gran cantidad de energía, respiras más fuerte de forma natural; al hacer ejercicio o bailar, tomas más aire de manera espontánea, ya que el cuerpo requiere una mayor cantidad de oxígeno para atender a sus necesidades energéticas. Al igual que una acción vigorizadora hace que la respiración sea más profunda, realizar respiraciones profundas de forma consciente genera una mayor cantidad de energía en el organismo.

Bhastrika, que significa «respiración del fuelle», constituye uno de los ejercicios de respiración más poderosos del yoga. Se trata de una respiración que limpia y aporta energía. Aunque por lo general es una técnica segura, es importante que te mantengas sintonizado con tu cuerpo al practicarla. Si en

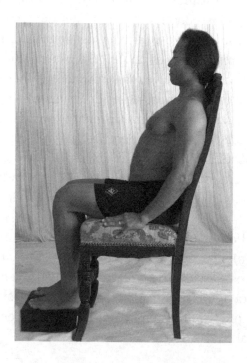

algún momento experimentaras sensaciones de incomodidad o te notaras mareado, haz una pausa durante unos instantes, y después continúa con el ejercicio de forma más suave.

Para comenzar, relaja los hombros y practica una respiración abdominal, lenta y profunda. Después de unas cuantas respiraciones profundas, exhala todo el aire y comienza una serie de espiraciones enérgicas y completas seguidas de inspiraciones fuertes y profundas por la nariz, a una velocidad de un segundo por ciclo respiratorio. Todo el movimiento ha de efectuarse desde el diafragma. Mantén una estabilidad relativa en la cabeza, el cuello, los hombros y el pecho mientras el abdomen se expande y contrae.

Comienza con una ronda de diez respiraciones *bhastrika* y, a continuación, vuelve a respirar normalmente, y observa las sensaciones de tu cuerpo. Al cabo de entre quince y treinta

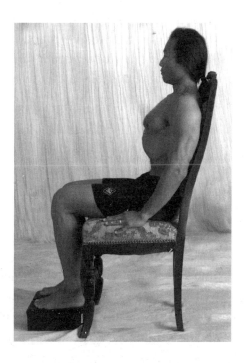

segundos, inicia la siguiente ronda de veinte respiraciones. Si te sintieras mareado o percibieras una sensación de hormigueo en los dedos, o alrededor de la boca, deja de practicar y procede a observar la respiración hasta que las sensaciones molestas hayan desaparecido por completo; después, retoma el ejercicio.

Tras una pausa de treinta segundos, lleva a cabo una tercera ronda de treinta respiraciones. De nuevo, suspende la práctica si te sintieras mareado. Después de la tercera ronda, termina el ejercicio observando las sensaciones de tu cuerpo. Este ejercicio de respiración suele producir una sensación de energía y vigor.

Si sientes pereza por la mañana, practica una ronda de respiración *bhastrika* y verás cómo se despejan las nubes del cuerpo y la mente. También puedes practicar esta respiración un par de minutos durante el día si te sientes somnoliento o aletargado; y si estás tratando de adelgazar, practicar *bhastrika* varias veces al día potenciará tu poder digestivo y mejorará tu metabolismo. No es recomendable que practiques este ejercicio antes de acostarte, ya que puedes tener dificultades para conciliar el sueño; aunque te despeja la mente, te activa energéticamente.

Kapalabhati: *la respiración de fuego*

Kapalabhati es una variación de la respiración del fuelle que consiste en una sucesión de espiraciones fuertes seguidas de inspiraciones pasivas. Sentado en una posición cómoda con la columna erguida, expulsa con fuerza todo el aire de los pulmones y después deja que se llenen pasivamente. El movimiento principal se lleva a cabo desde el diafragma. Practícalo diez veces y, a continuación, vuelve a respirar normalmente observando las sensaciones de tu cuerpo. Repite tres o cuatro rondas de diez respiraciones. Al igual que *bhastrika*, *kapalabathi* es un ejercicio que limpia y aporta vigor.

Dirgha: *respiración completa*

Dirgha es un ejercicio de respiración con efectos purificantes y equilibradores con el que se obtienen beneficios rápidamente. Consiste en ir llenando tres zonas diferentes de los pulmones de forma consciente, comenzando por la parte baja, avanzando hacia la región torácica y finalizando en la parte superior. Esta técnica respiratoria es una sencilla expresión de la ley de la intención y el deseo. Solamente con modificar la dirección de la respiración con tu intención, notarás un efecto profundamente relajante y liberador.

Practica este *pranayama* sentado con la columna erguida, o bien tumbado boca arriba, y respira por la nariz.

Inspira lenta y profundamente, y dirige el aire a la parte inferior de los pulmones empleando el diafragma de forma consciente. Cuando esta acción se lleva a cabo correctamente, el abdomen se infla como en un embarazo incipiente; al espirar, desinfla el abdomen como un globo que pierde aire. Repite este proceso varias veces, llevando el aire hasta la parte inferior de los pulmones, respirando de forma suave y rítmica.

Tras sentirte cómodo con este primer paso, comienza a llevar el aire a la parte media de los pulmones. Empieza llenando la zona inferior como antes y a continuación dirige el aire a la región media de la caja torácica; sentirás una expansión de las costillas entre el diafragma y el pecho. Inspira y espira varias veces, llenando la parte inferior y media de los pulmones.

Por último, tras llenar ambas regiones, dirige el aire a la parte superior de los pulmones en una respiración clavicular.

Practica respiraciones completas de modo que las inspiraciones y las espiraciones fluyan en un movimiento suave y continuo, dirigiendo secuencialmente la atención del diafragma a las costillas y de estas a la clavícula. Imagina que esta respiración profunda y consciente nutre los órganos, tejidos y células de tu cuerpo y te permite llevar a cabo las funciones vitales sin ningún esfuerzo y en consonancia con su *dharma*.

Ujjayi: *la respiración victoriosa*

La técnica de *pranayama* conocida como respiración *ujjayi* puede ayudarte a calmar la mente y el cuerpo cuando te sientas irritado, frustrado o acalorado. Aunque los orígenes del término no son claros, una posible interpretación es «que conduce a la victoria». Esta respiración te permite concentrarte y evitar la agitación mental innecesaria. *Ujjayi* ejerce un efecto refrescante en la parte posterior de la garganta y un efecto equilibrador en el sistema cardiorrespiratorio.

Para practicar *ujjayi* inspira un poco más profundamente de lo normal; con la espiración, contrae ligeramente los músculos de la garganta, de forma que tu respiración suene como un ronquido. Has de expulsar el aire por la nariz con la boca cerrada. El resultado debería sonar como Darth Vader, el personaje de *La guerra de las galaxias*.

Otra manera de familiarizarte con esta práctica consiste en espirar emitiendo el sonido «jaaaaj» con la boca abierta; a continuación, emite un sonido similar con la boca cerrada, expulsando el aire por las fosas nasales, lo cual debería originar ese sonido entrecortado parecido a un ronquido. Una vez hayas dominado la técnica al espirar, lleva a cabo el mismo procedimiento con la entrada del aire, contrayendo suavemente la garganta durante la inspiración.

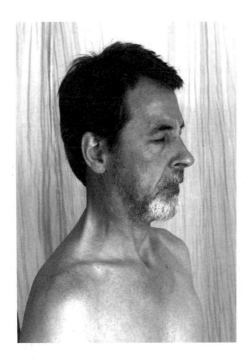

Prueba a practicar la respiración *ujjayi* siempre que te sientas irritado o alterado y notarás que te ayuda a relajarte rápidamente. Se dice que esta respiración ejerce un efecto calmante en el cuerpo y favorece la concentración. Te recomendamos usarla mientras estés practicando posturas de yoga para ayudarte a mantener la concentración mientras pasas de una postura a otra.

Ujjayi también puede constituir una herramienta útil durante la práctica de ejercicio aeróbico; de hecho, algunos atletas de nivel olímpico la han incorporado en sus rutinas de entrenamiento para mejorar el rendimiento respiratorio. Prueba a practicarla mientras realizas tu sesión de ejercicios cardiovasculares y fíjate en si esta técnica te ayuda a reducir el desgaste físico.

Nadi shodhana: *respiración purificadora de los canales*

Nadi shodhana significa «despejar los canales de circulación» y también es conocido como respiración alterna. Este ejercicio respiratorio ejerce un efecto tranquilizador y resulta sumamente eficaz a la hora de reducir la agitación mental asociada con la ansiedad y el insomnio. En *nadi shodhana* utilizas la mano derecha para controlar el flujo de la respiración a través de las fosas nasales. El dedo pulgar se sitúa sobre la fosa nasal derecha, y los dedos medio y anular, sobre la izquierda.

Existen diferentes estilos de *nadi shodhana*, y si bien todos ellos regulan el paso del aire a través de las fosas nasales, difieren en el modo y momento en que alteran el ritmo respiratorio natural. El procedimiento más sencillo consiste en cerrar las fosas nasales de forma alterna al final de cada inspiración; para ello, inspira profundamente y a continuación cie-

rra la fosa nasal derecha con el pulgar, espirando a través de la fosa nasal izquierda; inspira suavemente a través de la fosa nasal izquierda y, al final de esta, cierra la fosa nasal izquierda con los dedos medio y anular de la mano derecha y espira por la fosa nasal derecha. Tras finalizar la espiración, inspira de nuevo por la fosa nasal derecha y ciérrala con el pulgar al final de la inspiración. La respiración debería ser natural y la mente ha mantenerse como observadora del proceso.

Continúa la práctica de *nadi shodhana* durante unas cuantas respiraciones según el siguiente patrón: inspira a través de la fosa nasal izquierda, espira a través de la derecha; inspira a través de la fosa nasal derecha, espira a través de la izquierda.

Nadi shodhana ejerce un efecto relajante en la mente y en el cuerpo. Puede resultar de utilidad para aquietar la mente antes de comenzar la meditación con mantras, o bien cuando te invadan los pensamientos al tratar de conciliar el sueño. Al

suavizar la respiración con *nadi shodhana*, favoreces una actitud de recogimiento.

El trabajo con la respiración

Toma conciencia de la respiración a lo largo del día. Cuando te sientas estresado o tenso, realiza unas cuantas respiraciones abdominales conscientes, lentas y profundas por la nariz, y fíjate en cómo se relaja todo tu cuerpo. Practica la respiración *ujjayi* cuando estés caminando o haciendo ejercicio y percátate de cómo te devuelve a tu centro. Emplea la respiración *dirgha* cuando te sientas tenso, a fin de hacer circular la energía vital por todo tu cuerpo. Sé consciente de la respiración y podrás mantenerte centrado en medio de la confusión. Según el yoga, en esto reside el verdadero valor del *pranayama*.

Los bandhas: *abrazar la energía vital*

El término *bandha* significa «retener, cerrar o abrazar». Se trata de potentes prácticas que te entrenan para dirigir el *prana* o la energía vital a diferentes centros del cuerpo. Los *bandhas* constituyen una demostración directa de la ley del *dharma*, al observar las reacciones inmediatas de tu cuerpo ante las acciones específicas que realizas.

El principio básico de los *bandhas* consiste en la acumulación de energía en una zona corporal para después liberarla. El proceso de generar una fuerza y a continuación soltarla libera de obstáculos los canales energéticos. Al igual que la medicina tradicional china, el yoga considera que el sistema cuerpo-mente es una red de canales energéticos por los que fluye la fuerza vital. Estas vías reciben el nombre de *srotas* y *nadis*. Los *srotas* son canales circulatorios que atraviesan el cuerpo físico, mientras que los *nadis* forman parte del cuerpo sutil. La salud y la vitalidad dependen de que la energía vital fluya libremente a través de estos canales físicos y sutiles.

Jalandhara bandha: *el cierre de la barbilla*

Siéntate en una posición cómoda con las piernas cruzadas y respira profundamente, acercando la barbilla al pecho al espirar. Presiona la barbilla contra el pecho e inspira con la garganta cerrada, de modo que no haya movimiento de aire pero el pecho se eleve. Mantén esta posición durante diez segundos y a continuación eleva la barbilla e inspira con normalidad.

El término *jalandhara* procede de dos raíces: *jala*, que significa «red», y *dhara*, cuyo significado es «flujo ascendente».

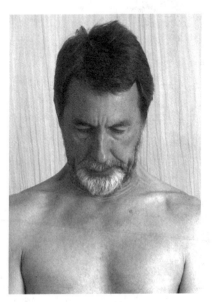

Jalandhara está diseñado para estimular la red de nervios y canales energéticos de la garganta. El estancamiento energético en esa zona está asociado con el dolor de cuello crónico, la ronquera y los desequilibrios de la glándula tiroides. *Jalandhara* ha venido empleándose tradicionalmente para fortalecer la tiroides, aliviar la rigidez de cuello y aumentar la claridad mental.

Uddiyana bandha: *la elevación del abdomen*

Siéntate en una posición cómoda con las piernas cruzadas y la columna erguida. Sitúa las manos en los costados o bien sobre los muslos e inclínate ligeramente hacia delante. Inspi-

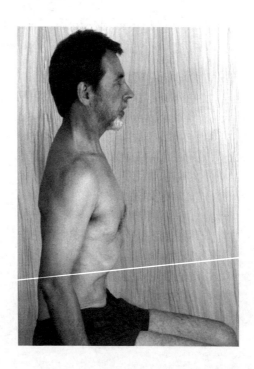

ra profundamente y espira vaciando el aire de los pulmones tanto como sea posible. Haz un movimiento como si fueras a inspirar de nuevo, pero en lugar de eso eleva el abdomen de modo que se forme un hueco debajo del diafragma. Mantén esta postura durante alrededor de diez segundos y después deshazla e inspira con normalidad. Repite el ejercicio siete veces.

Este *bandha* activa el centro energético del plexo solar, el cual rige la digestión y la capacidad de llevar los deseos al plano de lo manifestado. Los bloqueos en esta región están asociados con alteraciones digestivas y desequilibrios metabólicos. Desarrollar la capacidad de regular la energía en esta zona del cuerpo te permite el acceso a tu fuego digestivo. Cuando este fuego arde vivamente, eres capaz de tomar los nutrientes que necesitas del entorno y expulsar las toxinas que inhiben el flujo energético del cuerpo y la mente.

Moola bandha: *el cierre raíz*

Sentado con las piernas cruzadas, lleva el talón derecho tan cerca de la ingle como te sea posible. Con los ojos cerrados, comienza a contraer los músculos del esfínter anal como si estuvieras elevando el recto y acercándolo al abdomen. Mantén esta posición durante diez segundos y deshazla lentamente mientras espiras. Repite el ejercicio diez veces.

Moola significa «raíz». El *chakra* raíz es la fuente de toda la energía corporal. Aprender a regular el *prana* en esta región te permitirá dirigir tu fuerza creativa de forma consciente hacia el cumplimiento de todos tus deseos. Este *bandha* puede ayudar a aliviar una amplia gama de enfermedades, tales como hemorroides, incontinencia urinaria y problemas de funcionamiento sexual.

Tanto los ejercicios de *pranayama* como los *bandhas* fijan la atención en el cuerpo y se valen de la intención para mover la energía conscientemente. Todos los éxitos de la vida se producen a partir de esta capacidad de adquirir, acumular y liberar energía de forma consciente.

Aprender a utilizar el poder de la intención constituye la esencia de la ley de la intención y el deseo. La destreza para dirigir el *prana* —la energía vital— a fin de purificar el cuerpo te permite conseguir más haciendo menos.

No desperdiciar energía oponiendo resistencia al flujo de la energía vital es la esencia de la ley del mínimo esfuerzo. El trabajo consciente con la respiración mediante el *pranayama* y la gestión consciente de la energía a través de los *bandhas* te enseñan habilidades básicas relacionadas con el control de la energía vital en el organismo. Los ejercicios de *pranayama* y la regulación energética de los *bandhas* constituyen prácticas fundamentales que te muestran cómo manejar la energía vital de forma efectiva.

La práctica del yoga es una práctica para la vida; así pues, aprender estas habilidades esenciales te servirá en todos los aspectos de la existencia.

Parte III

LA PRÁCTICA DEL YOGA

7
El movimiento consciente: las asanas de yoga

Tu cuerpo es sumamente valioso, pues constituye el vehículo para el despertar: trátalo bien.

SIDDHARTA GAUTAMA

MIENTRAS LEES ESTAS PALABRAS, dirige la atención al cuerpo. Fíjate en tu postura sin cambiar nada. ¿Cómo estás sentado?, ¿tienes las piernas cruzadas?, ¿es una posición cómoda?, ¿sientes tensión en alguna zona del cuerpo? Lleva a cabo los ajustes necesarios para que puedas sentirte más cómodo. En esto consiste el yoga; modificar la postura a consecuencia de prestar atención al cuerpo constituye la práctica del yoga. El círculo se completa, ya que el cambio de postura produce automáticamente un cambio en la conciencia.

El yoga resulta beneficioso tanto para la mente como para el cuerpo. De los tres componentes más importantes que se trabajan en un programa de mantenimiento físico equilibrado, esto es, la flexibilidad, la fuerza y la preparación cardiovascular, el yoga proporciona directamente los dos primeros y tiene el potencial de mejorar el tercero. Diversos estudios científicos sobre los beneficios del yoga para la salud han descubierto que puede tener efectos positivos en una amplia variedad de dolencias, tales como la hipertensión, el asma, la depresión, la artritis, las cardiopatías, la epilepsia y el cáncer.

En el programa «Las siete leyes espirituales del yoga» hemos escogido posturas que aumentan la flexibilidad, fortalecen los músculos y mejoran el equilibrio. Cada una de las siete leyes espirituales enriquece la práctica del yoga y esta a su vez incrementa la conciencia de aquellas. Ya seas un principiante o un practicante de yoga experimentado, este programa energizará tu cuerpo y expandirá tu conciencia.

POSTURAS PARA EL DESARROLLO DE LA CONCIENCIA CORPORAL

Comenzaremos con posturas cuyo propósito principal es favorecer la conciencia del cuerpo. *Asana*, que significa «asiento», es el término que designa «postura» en el yoga. Una *asana* es una posición que adoptas de manera consciente; así pues, el yoga es la práctica de asentarse conscientemente. Aunque en el nivel físico esto significa la postura que adopta tu cuerpo, también implica que, en última instancia, tú eliges cada posición en la vida en la que te encuentres. De este modo, el yoga se convierte en una práctica que favorece una toma de decisiones más conscientes en aras de unas consecuencias felices y satisfactorias.

Como ser humano, posees de forma innata un mecanismo de evaluación de las decisiones que consiste en escuchar las señales de comodidad o incomodidad generadas por el cuerpo al considerar las diversas opciones. Esta es la esencia de la ley del karma, la cual utiliza la conciencia corporal para escoger opciones correctas desde la perspectiva kármica. Aprender a confiar en las respuestas de tu cuerpo mejorará tu capacidad de hacer elecciones kármicamente correctas.

La práctica del yoga brinda dos importantes beneficios que mejoran la integración del conjunto cuerpo-mente. El primero consiste en que las posturas de yoga te permiten moverte siendo consciente de las señales que te envía tu cuerpo, de modo que puedas interpretarlas de forma certera. Los seres humanos solemos estar tan inmersos en nuestra mente que nos olvidamos con facilidad del cuerpo, y aunque nos envíe señales sobre sus necesidades, la mente está demasiado absorta en sus cosas para darse cuenta de ellas. La práctica del yoga te permite reducir el ruido mental de fondo para que puedas prestar atención a los mensajes de tu cuerpo.

El segundo beneficio del yoga consiste en que la práctica regular de las posturas mejora el nivel general de bienestar físico y emocional. Si tu cuerpo padece de malestar crónico, no podrá ser un medio confiable con el que sopesar tus decisiones. Cuando utilizas tu cuerpo como un instrumento para la toma de decisiones, las sensaciones sutiles de comodidad o incomodidad nos orientan acerca de cuál es la actuación correcta, pero si tu punto de referencia está alterado, no podrás percibir los cambios de tu cuerpo a la hora de considerar diferentes opciones. Ayudar al cuerpo a eliminar los obstáculos que impiden el flujo saludable de la energía vital constituye un enorme beneficio derivado de la práctica de las posturas de yoga.

Las posturas que desarrollan la conciencia corporal son asequibles para los practicantes de todos los niveles. Es conveniente recordar que el yoga no es un deporte competitivo: su objetivo es mejorar la conexión entre el cuerpo, la mente y el espíritu. La ejecución precisa de una postura es una cuestión secundaria en comparación con la integración del cuerpo y la mente. Has de permanecer plenamente presente mientras pasas de una postura a otra, trabajando con suavidad las resistencias corporales.

Pavanamuktasana: *postura de liberación del viento*

Túmbate boca arriba y desplaza la atención suavemente por todo tu cuerpo. Si percibes tensión en alguna zona mien-

tras descansas en esta posición, establece la intención de disolverla. Ahora inspira profundamente y acerca la rodilla derecha al pecho. Agarra la pierna por debajo de la rodilla con ambas manos y suavemente aproxima la barbilla a la rodilla. Mantén esta postura durante unos minutos, respirando relajadamente y sintiendo las sensaciones de tu cuerpo. Después de varias respiraciones, estira la pierna pausadamente y bájala al suelo mientras espiras. Repite la postura acercando al pecho la rodilla izquierda y aproximando la barbilla a la rodilla con la inspiración. De nuevo, respira relajadamente durante unos minutos y bájala al suelo pausadamente al espirar.

Ahora, acerca al pecho ambas rodillas al inspirar y agarra ambas piernas con las manos entrelazadas. Mantén la postura durante unos minutos, respirando relajadamente y siendo consciente de las sensaciones en la columna.

Ahora, sujetando ambas piernas por debajo de las rodillas, balancéate hacia delante y hacia atrás tres o cuatro veces y luego hacia los lados.

Vuelve a la posición inicial tumbándote boca arriba, y comienza a ejecutar suavemente un movimiento de pedaleo con las piernas; a continuación, coloca las manos a los lados del cuerpo y comienza a levantar primero una pierna y luego la otra, al ritmo de la inspiración y la espiración. Pasado alrededor de medio minuto, vuelve a posar las piernas sobre el suelo.

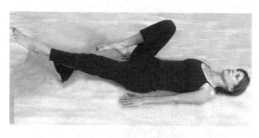

Estas *asanas* son posturas idóneas para iniciar la práctica, ya que ponen en movimiento la energía corporal. Según el *ayurveda*, la rama hermana del yoga en la ciencia védica, los aires vitales del cuerpo, conocidos como *vayu*, constituyen la base de todo movimiento. *Vayu* controla el movimiento del pensamiento, del aire, de los músculos, de la sangre y de la eliminación. En el ámbito celular, regula el movimiento de las moléculas de ADN, de las proteínas y de las hormonas. Cuando *vayu* se mueve armoniosamente se produce la salud.

Vayu posee una ligereza natural que le impulsa a moverse en dirección ascendente. Su alteración a causa de situaciones de estrés afecta a su función de expulsar las toxinas fuera del organismo. Los problemas en la función de eliminación de *vayu* provocan un estancamiento de la energía y la acumulación de toxicidad sutil en el organismo. Pues bien, las posturas de liberación del viento contribuyen al regreso de *vayu* a su ubicación en la pelvis, de modo que pueda llevar a cabo su función esencial de evacuación de toxinas.

Sarvangasana: *postura sobre los hombros*

Continúa tumbado boca arriba con las manos a los lados del cuerpo y alza lentamente las piernas de modo que queden perpendiculares al suelo; suavemente desplaza el peso a la parte superior de la espalda al tiempo que elevas las caderas y las sostienes con ambas manos. Mantén la parte superior de los brazos y los codos en contacto con el suelo. La nuca y el cuello también permanecen en el suelo. Encuentra un punto de equilibrio confortable en el que puedas relajarte. Inspira y espira lenta y profundamente mientras mantienes la postura.

Halasana: *postura del arado*

Desde la postura anterior, baja suavemente las piernas y pásalas por encima de la cabeza de modo que toques el suelo con los dedos. Si no puedes llegar al suelo, bájalas tanto como puedas. Coloca los brazos a los lados del cuerpo, mientras respiras relajadamente, y siente el estiramiento que se produce en la columna y los muslos. Presta atención a la respiración y practica *ujjayi pranayama*, inspirando y espirando de forma audible, al oponer una leve resistencia con los músculos de la garganta.

Alterna entre la postura sobre los hombros y el arado de forma pausada tres o cuatro veces. Ambas posturas masajean los órganos del abdomen y tonifican la glándula tiroides.

Ahora, baja ambas piernas poco a poco hasta el suelo y descansa mientras permaneces tumbado boca arriba. Observa la respiración y percibe las sensaciones de tu cuerpo.

Estas dos posturas favorecen la ascensión y el descenso de la energía por la columna vertebral. Cuando pruebes por primera vez la postura sobre los hombros, es posible que tu centro de gravedad se halle en las nalgas y las caderas, y te resulte complicado mantener las piernas por encima de la cabeza. Con la práctica, irás sintiéndote más cómodo y podrás levantar las piernas y mantener el equilibrio con poco esfuerzo. En cuanto al arado, puede que al principio tengas dificultad para doblarte lo suficiente como para que los dedos toquen el suelo. Tras unas cuantas rondas alternando una y otra postura, te será más fácil obtener todos los beneficios de ambas.

Bhujangasana: *postura de la cobra*

Date la vuelta y colócate boca abajo; junta las piernas y los pies con los dedos apuntando hacia fuera ligeramente. Sitúa las palmas de las manos por debajo de los hombros y, al inspirar, comienza a alzar la mirada, la cabeza y después el pecho. En la medida de lo posible, emplea la fuerza de los músculos de la columna para elevarte, en lugar de los brazos. La parte baja del abdomen ha de mantenerse en el suelo. Inspira al subir y espira al bajar. Repite el proceso varias veces y, a continuación, baja el pecho hasta el suelo.

Salabhasana: *postura del saltamontes*

Tumbado boca abajo, dóblate hacia un lado. Cierra las manos para formar dos puños y sitúalas debajo de las ingles con los brazos estirados. Ahora vuelve a ponerte boca abajo con los brazos debajo del pecho y el abdomen. Al inspirar, eleva la pierna derecha del suelo; mantenla arriba durante unos minutos y después bájala con la espiración. Repite lo mismo con la pierna izquierda. Si eres capaz de llevar a cabo este paso con cierta facilidad, trata de alzar ambas piernas a la vez, manteniendo las rodillas juntas. Inspira al levantar las piernas, mantén la postura unos momentos y bájalas al suelo.

Dhanurasana: *postura del arco*

Tumbado boca abajo, con la frente apoyada en el suelo, conecta con tu cuerpo y respira relajadamente. Ahora, inspirando lenta y profundamente, agarra los tobillos con las manos. Eleva la cabeza y el pecho del suelo mientras tiras de los tobillos hacia la cabeza. Alza las rodillas y los muslos del suelo y mira hacia arriba. Mantén esta postura durante varias

respiraciones y después baja las piernas y el pecho al suelo poco a poco, mientras espiras.

Estas tres posturas —la cobra, el saltamontes y el arco— alargan la columna e incrementan la fuerza y la flexibilidad de la espalda. La vida moderna suele constreñir la columna debido a los largos períodos de tiempo que pasamos sentados en el trabajo y viajando en coche o en avión. Como resultado de esta restricción crónica, la respiración se vuelve superficial y experimentamos un sutil estado de ansiedad. Estirar la columna de forma consciente contrarresta el estrechamiento ocasionado por el encorvamiento repetido y tiene un efecto claro en el bienestar físico y emocional.

Estas posturas mejoran de forma directa la salud espinal. La columna vertebral está formada por vértebras separadas por discos que ejercen una función amortiguadora. Cuando practicas una postura que alarga la columna, la presión se sitúa en la parte posterior del cuerpo vertebral, lo cual empuja los discos hacia una posición normal y saludable. La musculatura de la columna se fortalece por medio de las posturas, lo cual aligera el peso que han de soportar los discos intervertebrales. Además, en el caso de las personas aquejadas de dolor de espalda crónico debido a una hernia discal, posturas como la cobra, el saltamontes o el arco ayudan a normalizar la estructura y reducir el malestar.

Janu Sirsasana: *flexión hacia delante con la pierna doblada*

Gírate para sentarte y adopta una posición erguida con las piernas extendidas hacia delante. Ahora dobla la pierna derecha y aprieta el pie contra la ingle. Alza las manos por encima de la cabeza y, al espirar, flexiona el tronco desde la cintura, estirándote para agarrar el tobillo o el pie izquierdos. Si no pudieras alcanzar el pie, sujeta la pierna en el punto más alejado que te sea posible sin forzar. Utiliza la respiración para ahondar de forma consciente en la postura, con la intención de relajarte con cada espiración. Mantén la postura, respirando profundamente, durante varios minutos, y después deshazla poco a poco.

Repite lo mismo doblando la pierna izquierda y flexionando el tronco para coger el tobillo o el pie derechos. De nuevo, encuentra tu punto de resistencia, establece la intención de rendirte y emplea la respiración para ahondar más en la postura. Escucha la información que te transmite tu cuerpo.

Esta postura te proporciona un estiramiento de los músculos de la corva situados en la parte posterior de la pierna que
favorece un modo de andar más fluido.

Padmasana: *postura del loto*

Cruza ambas piernas posando el tobillo derecho sobre el
muslo izquierdo. Si te es posible, coloca también el tobillo
izquierdo sobre el muslo derecho, adoptando una postura de
loto completa. Si todavía no posees la flexibilidad suficiente
en las piernas y las caderas para el loto completo, permanece en
medio loto con el tobillo izquierdo por debajo del muslo derecho.

Ahora flexiona el tronco hacia delante desde la cintura
hasta apoyar la parte baja del abdomen sobre los muslos. Re-
lájate en esta postura durante varias respiraciones lentas y
profundas. Entrelaza las manos por detrás y álzalas poco a
poco manteniéndolas estiradas. Permanece en la postura durante diez segundos, respirando profundamente, y después
baja los brazos y regresa de forma pausada a la posición
sentada.

La postura del loto clásica abre las caderas y la pelvis.
Flexionar el tronco hacia delante estando en loto aumenta el
estiramiento en las caderas y las ingles. Prueba a ir alternando
la pierna que se queda encima y verás cómo la flexión hacia
delante te resulta más fácil cada vez.

Uttpluthi: *postura de levantamiento*

Continúa sentado con las piernas cruzadas en loto o medio loto. Coloca las manos planas en el suelo a ambos lados de los muslos. Eleva todo tu cuerpo del suelo y mantén la postura durante diez segundos. Después, tiéndete en el suelo suavemente.

Esta postura requiere cierta fuerza en la parte superior del cuerpo. Al principio, es posible que te resulte complicado levantar todo el cuerpo; si fuera así, deja las rodillas en el suelo y eleva las nalgas solamente; manteniendo la columna erguida, realiza los ajustes necesarios hasta que te sientas estable. Si practicas esta postura regularmente, serás capaz de elevar todo el cuerpo al cabo de dos semanas. Recuerda que el propósito principal de esta *asana* consiste en potenciar la interiorización y mejorar de este modo la comunicación entre el cuerpo y la mente.

Posturas de equilibrio

Una vida saludable es una vida equilibrada, y la práctica del yoga ofrece la oportunidad de aprender acerca del equilibrio dinámico. Mantener el equilibrio del cuerpo y la mente proporciona la mejor base para tomar decisiones correctas desde el punto de vista del karma, y te permite actuar de la forma más eficiente. Además, una vida equilibrada es una vida conforme al *dharma*, ya que actuamos en consonancia con el flujo evolutivo de la vida, el cual genera los mejores resultados con el mínimo esfuerzo.

Una mente equilibrada reconoce que si bien podemos controlar nuestras elecciones, no ejercemos control sobre las consecuencias de nuestros actos; así pues, poner atención en las acciones, en lugar de en sus consecuencias, es la clave para una vida satisfactoria. El yoga te ofrece la oportunidad de desarrollar una mente equilibrada al invitarte a dirigir la atención a la postura y abandonar el apego por el resultado. El equilibrio del cuerpo contribuye al equilibrio de la mente y viceversa.

La siguiente secuencia de posturas está diseñada para activar el equilibrio del cuerpo y la mente. Aprender a mantener el cuerpo en quietud te ayudará a aquietar la mente. Al principio, es posible que estas posturas de equilibrio te supongan un desafío, pero si las practicas con regularidad irán resultándote más fáciles cada día hasta llegar a dominarlas. Fíjate en cómo la quietud en el cuerpo favorece el silencio en la mente.

Vrksasana: *postura del árbol*

Practicar esta postura te ayudará a desarrollar la estabilidad de un árbol. Permanece de pie con los pies juntos y los brazos en los costados. Cierra los ojos y toma conciencia de los ajustes que efectúa el cuerpo de forma natural para favorecer el equilibrio. Estos cambios sutiles en la activación de diferentes grupos musculares para impedir que te caigas están dirigidos por un complejo sistema neuromuscular. Los centros de equilibrio del oído interno y el cerebro mantienen una comunicación continua con los músculos posturales y te ayudan a vencer la fuerza gravitatoria que te empuja hacia abajo. Siente cómo trabajan en tu interior la ley del mínimo esfuerzo y la ley del *dharma*, mientras observas los incesantes ajustes que tienen lugar sin tu participación consciente.

Ahora abre los ojos y, doblando la pierna derecha, alza la planta del pie derecho y apóyala en la parte interna del muslo izquierdo. Mantén esta posición hasta que te sientas estable y, mientras te apoyas sobre el pie izquierdo, eleva las manos por encima de la cabeza hasta juntar las palmas. Mantén la mirada al frente, respirando relajadamente, y permanece en la postura hasta que apenas necesites hacer ningún movimiento para conservar el equilibrio.

Baja la pierna derecha al suelo, cierra los ojos y, de nuevo, dirige la atención al cuerpo, sintonizándote con la sensación de equilibrio y percibiendo los cambios sutiles que puedan producirse a raíz de la postura que acabas de realizar. Ahora alza la planta del pie izquierdo para situarla en la parte interna del muslo derecho, tan alto como sea posible, manteniendo el equilibrio con la pierna derecha. Permanece en quietud durante alrededor de diez segundos y luego baja el pie derecho al suelo.

Practica la postura del árbol siempre que te sientas agitado. Notarás que tan pronto como fijas la atención en el momento presente, el cuerpo se estabiliza y la mente se sosiega.

Ekpadasana: *postura de un solo pie*

Comienza de pie con los pies juntos y extiende los brazos por delante de modo que las palmas de las manos miren hacia abajo y los dedos índices se toquen. Dobla parcialmente la pierna izquierda por delante mientras te mantienes en equilibrio sobre la derecha y encuentra tu punto de quietud.

Una vez te sientas estable, desplaza hacia atrás la pierna izquierda poco a poco mientras flexionas el tronco desde la cintura, y estírala de modo que quede paralela al suelo. Mientras te mantienes en equilibrio sobre la pierna derecha, los brazos permanecen por delante de ti con las palmas mirando al suelo. Dirige la atención a la respiración y encuentra tu punto de quietud.

Mantén la postura durante alrededor de diez segundos y después baja la pierna lentamente y lleva los brazos a su posición inicial a los lados del cuerpo. Cierra los ojos unos momentos y presta atención a las sensaciones físicas.

Repite la postura esta vez con la pierna izquierda en el suelo, primero manteniendo el equilibrio con la pierna derecha por delante y luego desplazándola hacia atrás mientras te inclinas hacia delante con los brazos extendidos. Después, poco a poco, regresa a la posición inicial con ambos pies en el suelo.

Habrá ocasiones en que la concentración en una postura unifique el cuerpo y la mente. En esto reside la esencia del yoga: hallarte plenamente presente habiendo establecido una comunicación fluida entre el cuerpo y la mente.

Trikonasana: *postura del triángulo*

Desde una posición de pie, aleja los pies entre sí un poco menos del doble del ancho de los hombros. Al inspirar, eleva los brazos a la altura de los hombros, de modo que permanezcan paralelos al suelo.

Gira hacia fuera el pie izquierdo 90 grados e, inclinándote desde la cintura, desliza el brazo izquierdo por la pierna izquierda hasta asir el tobillo. Si no pudieras llegar hasta él, agarra la pierna tan abajo como te sea posible. Alza el brazo derecho de modo que apunte hacia el techo y mira hacia esa mano extendida.

Mantén la postura del triángulo, respirando profundamente durante cinco o seis respiraciones, y luego regresa gradualmente a la posición vertical con los brazos extendidos. Cierra los ojos y presta atención a las sensaciones físicas durante unos momentos.

Repite la postura con el brazo y la pierna opuestos. Gira hacia fuera el pie derecho 90 grados y desliza el brazo derecho por la pierna derecha hasta asir el tobillo mientras el brazo izquierdo apunta hacia arriba. Realiza varias respiraciones lentas y profundas antes de regresar a la posición inicial de pie.

La postura del triángulo clásica potencia tanto el equilibrio como la flexibilidad. Utiliza esta postura para abrir el pecho. Estirar y mantener el equilibrio al mismo tiempo constituye una magnífica capacidad que puedes desarrollar tanto en la práctica del yoga como en la vida.

Dandayamana Konasana: *postura del ángulo de pie*

De pie con las piernas separadas entre sí y los brazos estirados a la altura de los hombros y paralelos al suelo, dóblate hacia delante poco a poco para asir los tobillos con las manos. Si no los alcanzaras, agarra las piernas tan abajo como te sea posible. Ahora acerca la cabeza al suelo suavemente mientras elevas la cadera.

Mantén esta postura durante alrededor de diez segundos mientras inspiras y espiras lentamente, y utiliza la respiración para rendirte a la postura de un modo más profundo. Regresa poco a poco a una posición vertical, respira unas cuantas veces y repite la postura dos veces. Fíjate en que con cada repetición se vuelve un poco más accesible.

La flexión en esta postura se inicia en las caderas. Sentirás un estiramiento en las ingles y la espalda baja. Si no pudieras cogerte los tobillos, prueba a posar las manos por delante en el suelo e ir acercándolas gradualmente a los pies.

Esta postura te permite ver el mundo desde un ángulo diferente, uno de los beneficios de la práctica de yoga. Cada persona tiene su propia perspectiva y es muy fácil apegarse a un punto de vista particular. Con el tiempo, esto contribuye a la rigidez y el juicio. Buscar oportunidades para ver el mundo desde una nueva perspectiva favorece la flexibilidad de la mente y el cuerpo.

Dandayamana Dhanurasana: *postura del arco de pie*

Comienza de pie con los pies juntos y ambos brazos estirados por delante de ti, con las palmas de las manos mirando hacia abajo. Doblando la pierna izquierda, extiende la mano izquierda hacia atrás y agarra el tobillo izquierdo. Flexiona el tronco desde la cintura y alza la pierna izquierda tanto como te resulte cómodo, manteniendo la mano derecha por delante, paralela al suelo. Deberías sentir un estiramiento en los músculos del muslo. Si no fueses capaz de mantener el equilibrio sin ayuda, apoya la mano en el respaldo de una silla hasta que encuentres tu centro. Mantén la postura durante diez segundos y después suelta la pierna izquierda y bájala al suelo.

Repite la postura con el lado derecho, comenzando con los pies juntos y las manos extendidas. Coge el tobillo derecho extendiendo hacia atrás la mano derecha, manteniendo estirado el brazo izquierdo por delante de ti con la palma de la mano mirando hacia abajo. Mantén esta postura de equilibrio durante alrededor de diez segundos y regresa poco a poco a una posición vertical.

La metáfora del arco es ampliamente utilizada en el yoga. Para dar en el blanco, primero has de retroceder hasta un punto de quietud que está cargado de potencial. Existe una historia védica clásica acerca de una clase de arco en la que Arjuna, junto con sus hermanos y primos, se encontraba recibiendo las enseñanzas de un maestro de arco llamado Drona. En un árbol lejano, Drona había colocado un pájaro de madera en el que había dibujado un ojo; después fue pidiendo a cada uno de sus alumnos que tensaran el arco, pero no dispararan hasta describir lo que estaban viendo. El primero de ellos señaló que veía el pájaro, el árbol, la tierra que los rodeaba y a los demás muchachos que estaban a su alrededor; ante esta descripción, Drona le pidió que bajara el arco sin disparar. Y así, uno por uno, los jóvenes arqueros fueron respondiendo de forma similar a la misma pregunta, hasta que llegó el turno de Arjuna.

—Únicamente veo el ojo del pájaro —respondió Arjuna.

—¿Pero no ves el pájaro, los árboles y la gente que te rodea? —inquirió Drona.

—No, maestro, solamente veo el ojo —replicó Arjuna.

Tras esta contestación, Drona le ordenó que tirara la flecha, y esta dio en el blanco.

El secreto para el éxito en la vida radica en retroceder a un lugar interno de quietud y silencio desde el cual puedes clarificar cuál es tu propósito, y posteriormente actuar con todo el poder de la intención. En el yoga, la postura del arco te recuerda que has de bucear en lo profundo de ti para hallar un estado de conciencia silencioso e ilimitado. Cuando actúas desde este ámbito de conciencia expandida, tus intenciones son poderosas y tienes más probabilidades de éxito.

Garudasana: *la postura del águila*

Esta postura supone un desafío para casi todo el mundo la primera vez que se practica, pero normalmente es posible dominarla en poco tiempo. De pie con los pies juntos, dobla ambas piernas y desplaza el peso al pie izquierdo. Cruza la pierna derecha por delante de la pierna izquierda hasta presionar la parte posterior de la pantorrilla con los dedos; para ello, has de mantener doblada la pierna izquierda.

Con las piernas enroscadas y manteniendo el equilibrio, dobla el brazo derecho y cruza el brazo izquierdo alrededor del brazo derecho. Apoya los dedos de la mano derecha en la palma de la mano izquierda y apunta con los dedos hacia el techo. Mantén la torsión durante diez segundos y luego deshazla.

Repite esta postura de equilibrio en el lado opuesto, desplazando el peso al pie derecho y cruzando la pierna izquierda por delante de la pierna derecha y envolviendo la pantorrilla derecha con los dedos del pie izquierdo. Esta vez, cruza el brazo derecho alrededor del izquierdo de modo que los dedos de la mano izquierda descansen sobre la palma derecha. Ahora la pierna y el brazo opuestos han quedado por encima.

En la mitología védica, Garuda es un dios águila mitad pájaro mitad hombre al que suele representarse llevando a Vishnu, el dios que sustenta el universo. A Garuda se lo conoce como el destructor de los impedimentos para el cumplimiento de los deseos. Así pues, desarrolla la concentración y el equilibrio necesarios para dominar la postura del águila y verás cómo los obstáculos desaparecen de tu vida.

Si practicas estas posturas de equilibrio regularmente, además de dominarlas, te resultará más fácil mantener el equilibrio en todas las situaciones de tu vida. La relación entre el individuo y el cosmos, entre el microcosmos y el macrocosmos, constituye un principio subyacente del yoga. Las destrezas adquiridas durante la práctica de yoga se traducen en habilidades para la vida. Todo el mundo puede beneficiarse de un mayor equilibrio en su vida.

EL YOGA EN ACCIÓN: LOS SALUDOS AL SOL

Las doce posturas que componen los saludos al sol brindan la oportunidad de potenciar la flexibilidad y la fuerza, a la par que mejoran la circulación. A esta secuencia de posturas se la considera el ejercicio físico más completo; así pues, los saludos al sol son la mejor opción si tienes poco tiempo para practicar yoga.

La secuencia de posturas de los saludos al sol trabaja los grupos musculares y articulaciones más importantes. Estas posturas también masajean y estimulan los principales órganos internos; están diseñadas para activar la conexión entre el fuego interior o *agni* y el del sol. El término *agni* está relacionado con la palabra *ignición*. Cuando tu *agni* arde intensamente, eres capaz de digerir la energía y la información que ingieres cada día, ya sean alimentos, ideas o experiencias emocionales; en cambio, cuando tu fuego interior es débil y vacilante, no metabolizas las experiencias diarias debidamente. Los residuos del metabolismo incompleto se depositan en el cuerpo y en la mente, y producen un estado de fatiga y un sistema inmunitario débil. Cuando se combinan con una dieta saludable, una rutina diaria beneficiosa y la abstención consciente de toxicidad física y emocional, los saludos al sol contribuyen a encender tu fuego interior para que puedas irradiar lo mejor de ti mismo.

La secuencia de *Surya Namaskar* simboliza el total de la experiencia de la vida humana. Tradicionalmente practicadas durante el amanecer y el atardecer, estas posturas representan la transformación de la energía solar en energía vital. El sol es la fuente de toda forma de vida en este planeta. En última instancia, somos seres de luz y los saludos al sol reconocen esta conexión primordial.

Cuando se realizan pausadamente, estas doce posturas potencian la flexibilidad y la fortaleza; en cambio, cuando se practican deprisa, constituyen un vigoroso entrenamiento cardiovascular.

A cada postura de *Surya Namaskar* le acompaña un mantra que activa un aspecto concreto de la energía del sol. Recita estos sonidos cuando practiques estas posturas y verás cómo tu mente se aquieta y expande mientras te concentras en la postura.

1. Pranamasana: *postura del saludo*

Comienza con los pies firmemente afianzados en el suelo, en la postura del saludo, inspirando y espirando relajadamente. Deja que tu atención se vuelva hacia el interior y toma conciencia del nivel de energía de tu cuerpo. El mantra para la postura del saludo destaca el poder vivificante e incondicional del sol. Esta postura resuena con el *chakra* del corazón y con la ley de dar y recibir.

El mantra correspondiente es *Om Mitraya Namaha*.

2. Hasta Uttasana: *postura de los brazos hacia el cielo*

Comienza a estirarte hacia el cielo con los músculos de las nalgas apretados, mientras inspiras en la postura de brazos hacia el cielo. Alarga la espalda, el pecho, los brazos y el cuello. El mantra asociado a esta postura resalta el poder del sol de disipar la oscuridad. Esta postura está relacionada con el *chakra* de la expresión situado en la garganta y la ley del desapego.

El mantra correspondiente es *Om Ravaye Namaha*.

3. Pada Hastasana: *postura de las manos a los pies*

A continuación, estírate hacia delante al espirar y, colocando las manos en la parte exterior de los pies, presiona suavemente la cabeza hacia las rodillas. Dobla las piernas tanto como necesites. Con esta flexión hacia delante, equilibras la extensión de la postura previa. El mantra relacionado con esta postura pone de relieve el movimiento continuo del sol, que da lugar a los ritmos circadianos y de las estaciones. Está asociada con el *chakra* de la creatividad y la ley del mínimo esfuerzo.

El mantra correspondiente es *Om Suryaya Namaha*.

4. Ashwa Sanchalanasana: *postura ecuestre*

Ahora extiende hacia atrás la pierna derecha mirando hacia arriba y respirando relajadamente en la postura ecuestre. El mantra asociado con esta postura destaca la sabiduría que brota cuando se pone luz sobre un tema. Está relacionada con el *chakra* de la intuición y la ley del *dharma*.

El mantra correspondiente es *Om Bhanave Namaha*.

5. Parvatasana: *postura de la montaña*

A continuación, pasa a la postura de la montaña alzando las nalgas con ambas piernas juntas y estiradas y extendiendo los brazos. El mantra relacionado con esta postura celebra el poder ilimitado del sol. Está asociada con el *chakra* de la expresión situado en la garganta y con la ley del desapego.

El mantra correspondiente es *Om Khagaya Namaha*.

6. Asthanga Namaskar: *postura de los ocho miembros*

Desde esta postura, desciende hasta el suelo suavemente de modo que la frente, el pecho y las rodillas estén en contacto con el suelo, manteniendo el peso del cuerpo con las manos y los pies. El mantra de la postura de los ocho miembros pone énfasis en la energía que proporciona el sol a todos los seres vivos de la tierra. Está asociada con el *chakra* del plexo solar (energía) y la ley de la intención y el deseo.

El mantra corresondiente es *Om Pooshne Namaha*.

7. Bhujangasana: *postura de la cobra*

Pasa directamente a la postura de la cobra, elevándote del suelo, valiéndote sobre todo de los músculos de la espalda y el pecho. No fuerces la postura empujando con las manos. El mantra relacionado con esta postura resalta la luz interior que se halla reflejada en la luz externa del sol. Esta postura resuena con el *chakra* de la creatividad y la ley del mínimo esfuerzo.

El mantra correspondiente es *Om Hiranya Garbhya Namaha*.

El ciclo de retorno

La otra mitad de los saludos al sol consisten en la repetición de las posturas de la primera mitad hasta regresar a la postura inicial.

8. Parvatasana: *postura de la montaña*

Regresa de nuevo a la postura de la montaña, esta vez recitando el mantra *Om Marichaya Namaha*, que apunta al poder transformador del sol. El término sánscrito utilizado para designar la pimienta negra es *marich*, pues se cree que contiene una energía solar muy potente.

9. Ashwa Sanchalanasana: *postura ecuestre*

Pasa a la postura ecuestre, extendiendo la pierna izquierda hacia atrás. Emplea el mantra *Om Aditya Namaha*, que señala el aspecto nutritivo y maternal del sol.

10. Pada Hastasana: *postura de las manos a los pies*

Continúa el ciclo adoptando la postura de las manos a los pies y usando el mantra *Om Savitre Namaha,* que destaca el poder estimulante del sol.

11. Hasta Uttanasana: *postura de los brazos hacia el cielo*

Sigue con la postura de los brazos hacia el cielo, recitando el mantra *Om Arkaya Namaha*, que reconoce el aspecto energizante del sol.

12. Pranamasana: *postura del saludo*

Por último, regresa al principio volviendo a la postura del saludo, usando el mantra *Om Bhaskaraya Namaha*, que pone de relieve el aspecto solar que suscita el recuerdo de la plenitud.

Has de adaptar la velocidad y la intensidad con que practiques esta secuencia a tu tipo corporal. Lo mejor es repetirla diez veces al principio. A medida que te vayas sintiendo más cómodo, podrás ir aumentando el número gradualmente. Sin-

toniza la respiración con los movimientos, de modo que las inspiraciones coincidan con las extensiones y las espiraciones con las flexiones. Las posturas resultan más beneficiosas cuando se practican de un modo suave y fluido.

De acuerdo con el yoga, si practicas el saludo al sol todos los días de tu existencia, tu mente se mantendrá alerta y vibrante, y tu cuerpo, ligero y flexible.

Los saludos al sol en una silla

Puesto que estamos convencidos de los múltiples beneficios de los saludos al sol, hemos desarrollado una versión modificada que puede ejecutarse en una silla. Puedes realizarla cuando viajes como pasajero en coche, en un viaje largo por carretera, o bien en la mesa de trabajo o viajando en avión. Estas posturas alivian la tensión de la columna, mejoran la circulación y mitigan el dolor muscular.

Comienza con la postura del saludo, sentado cómodamente en la silla con la columna erguida y las manos juntas a la altura del pecho, respirando relajadamente.

Al inspirar, levanta las manos para realizar la postura de los brazos hacia el cielo, alargando la columna.

Doblándote hacia delante en la postura de las manos a los pies, posa el pecho sobre las rodillas y deja que las manos descansen a los lados de los pies. Espira.

Arqueando la espalda en una postura de extensión (como en la postura ecuestre), levanta la rodilla izquierda mientras miras al techo. Inspira.

Espira parcialmente mientras llevas la barbilla hacia la rodilla izquierda en una postura de flexión (como en la postura de la montaña), doblando la espalda suavemente hacia delante.

Ve de nuevo a la postura de las manos a los pies, flexionando el tronco hacia delante, posando el pecho sobre las rodillas y las manos en el suelo cerca de los pies. Espira por completo.

Con las manos y los brazos abajo, arquea la espalda y el cuello para hacer la postura de la cobra mientras inspiras parcialmente.

Inspira por completo doblando la rodilla derecha para pasar a una postura de extensión (como en la postura ecuestre) mientras arqueas suavemente la espalda.

Espira parcialmente mientras te doblas hacia delante en una postura de flexión (como en la postura de la montaña), acercando la barbilla a la rodilla derecha.

Espira por completo mientras te doblas hacia delante para continuar con la postura de las manos a los pies, posando el pecho sobre las rodillas, con el cuello flexionado y los brazos a los lados de las piernas.

Levanta los brazos para pasar a la postura de los brazos hacia el cielo, estirando la columna mientras inspiras completamente.

Regresa a la postura del saludo juntando las manos a la altura del pecho, respirando relajadamente.

Posturas de apertura energética

La energía vital asciende y desciende por la columna vertebral. Según el yoga, los siete *chakras* están conectados a través de tres canales energéticos conocidos como *Ida*, *Pingala* y *Sushumna*.

Ida transporta el *prana* por el lado izquierdo del cuerpo y es portador de energía femenina y lunar. Cuando respiras a través de la fosa nasal izquierda, Ida está abierto y prevalece la energía receptiva en el cuerpo y en la mente.

Pingala es un conducto que transporta energía por el lado derecho del cuerpo y es portador de energía masculina y solar. Cuando respiras a través de la fosa nasal derecha, es más dominante la energía activa y orientada a la consecución de objetivos.

Por su parte, *Sushumna* asciende por el centro del cuerpo y conecta el *chakra* raíz en la base de la columna con el centro del loto situado en la coronilla.

Cuando estos canales están abiertos, el *prana* puede fluir libremente. La energía vital que asciende por la columna recibe el nombre de *Kundalini*, a la que a veces se describe como el despertar de la serpiente en la base de la columna. Las siguientes posturas finales están diseñadas para liberar la congestión de la columna y permitir que el *prana* nutra cada órgano, tejido y célula del cuerpo.

Matsyendrasana: *torsión de la columna (postura del Señor de los Peces)*

Siéntate en el suelo con las piernas extendidas por delante. Dobla la pierna izquierda y coloca el pie en el suelo cerca del muslo derecho. Rodea la rodilla izquierda con el brazo derecho para sostenerla y gira hacia la izquierda. Mantén la postura, respirando relajadamente. Ríndete un poco más a la postura con cada espiración.

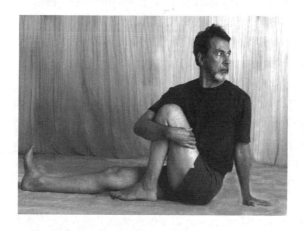

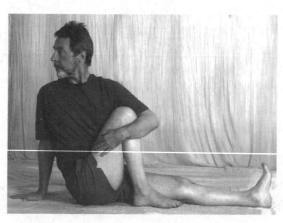

Regresa al centro y repite los mismos pasos con el otro lado: dobla la pierna derecha y coloca el pie derecho cerca del muslo izquierdo. Rodea la rodilla derecha con el brazo izquierdo y gira hacia la derecha. De nuevo, respira relajadamente en la postura y ayúdate de la respiración para aumentar la flexibilidad. Una vez seas más flexible, extiende el brazo para agarrar el tobillo del pie que permanece en el suelo. Mantén la postura durante diez segundos y regresa al centro.

Cierra los ojos durante unos momentos y presta atención a la columna. Imagina la fuerza vital fluyendo desde la base de la columna, atravesando la pelvis, el abdomen, el corazón, la garganta, por entre los ojos, hasta llegar a la cabeza. Imagina el loto de mil pétalos abriéndose en el *chakra* de la coronilla. Establece la intención de vivir desde un estado de conciencia más amplio como resultado del libre fluir de la energía a través de tu cuerpo.

De acuerdo con la mitología védica, El Señor Shiva se encontraba enseñando la esencia del yoga a su esposa Parvati, en la orilla de una isla remota, cuando se percató de que un pez escuchaba atentamente sus palabras. Conmovido por la concentración del pez, Shiva le otorgó una bendición que le permitió adoptar una forma celestial a la que denominó Matsyendra o Señor de los Peces. Esta postura recibe el nombre de *Matsyendrasana* en honor de este ser sintiente tan poco común.

Chakrasana: *la rueda de rodillas*

Desde la postura de torsión de la columna, ponte de rodillas juntando los pies por detrás. Arquea la espalda y agarra el tobillo derecho con la mano derecha y el tobillo izquierdo

con la mano izquierda. Eleva las caderas hacia el techo y deja que la cabeza cuelgue sin tensarla. Respira relajadamente en esta postura durante alrededor de diez segundos y, a continuación, baja las caderas y álzate para volver a apoyarte sobre las rodillas. Cierra los ojos y, con la atención centrada en la columna vertebral, imagina que la energía asciende desde la base de la columna hasta la cabeza.

Esta postura abre la pelvis y la columna, fortaleciendo el cuello y los músculos de la espalda. Sé consciente de la respiración al practicarla y establece la intención de expandir el pecho con cada inspiración profunda mientras te estiras hacia arriba. Además de adoptar la forma de una rueda (*chakra*), esta postura activa todos los centros energéticos.

Vajrasana: *postura del diamante*

Comienza apoyado sobre las rodillas con el tronco erguido y baja suavemente hasta estar sentado sobre los talones; descansa en esta posición durante unos momentos, eleva el tronco y de nuevo apóyate sobre los talones. Toma conciencia de la respiración y permítete relajarte cada vez más profundamente con cada respiración. Activando la ley de la intención y el deseo, imagina que la energía fluye libremente a través de la columna.

Se trata de una postura energizante que activa la energía en los *chakras* inferiores. Con la práctica, aumentará la flexibilidad en las caderas, las rodillas y los tobillos. Resulta beneficiosa para las personas que padecen trastornos digestivos y hemorroides.

El diamante es la gema preciosa que posee la más elevada frecuencia espiritual, y representa la pureza y la eternidad. Tiene la capacidad de traspasar casi cualquier cosa. La postura del diamante potencia el estado equilibrado de la integración cuerpo-mente que te permite atravesar la ignorancia con la sabiduría del infinito e ilimitado campo de conciencia.

Matsyasana: *postura del pez*

Si bien la postura del pez ofrece a la columna un estiramiento similar al de la postura del diamante, resulta un poco más fácil para casi todo el mundo. No debe confundirse con la postura del Señor de los Peces. *Matsyasana* abre el pecho y permite una mejor ventilación pulmonar. Aunque la postura clásica se practica en loto, también puede ejecutarse en medio loto.

Sentado cómodamente en la postura del loto, baja la espalda suavemente para tumbarte en el suelo, con las piernas cruzadas en el aire. Coloca las palmas de las manos planas en el suelo justo debajo de las nalgas; baja las piernas cruzadas al suelo mientras arqueas la espalda y, apoyándote sobre los codos y antebrazos doblados, continúa arqueando la espalda hasta que la coronilla toque el suelo. Respira relajadamente mientras mantienes esta postura durante quince segundos. Después, baja la espalda al suelo y descruza las piernas.

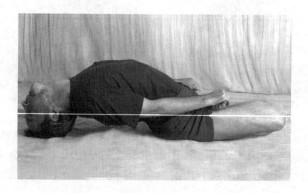

Si no fueras capaz de adoptar la postura del loto, puedes probar una variante más simple de esta postura: tumbado boca arriba, dobla las piernas y acerca los talones a las nalgas tanto como puedas. Apoya el peso del cuerpo en los codos y antebrazos mientras arqueas la espalda hasta tocar el suelo con la coronilla. Mantén la postura durante quince segundos, sintiendo el estiramiento en el cuello y la espalda; a continuación, baja al suelo primero la espalda y después las piernas.

Balasana: *postura del niño*

De rodillas sobre el suelo, superpón los dedos gordos y siéntate sobre los talones. Separa las rodillas y dóblate hacia delante hasta apoyar el tronco sobre los muslos. Posa las manos en el suelo a los lados del torso, con las palmas hacia arriba, y relaja los hombros hacia el suelo. Apoya la frente en el suelo y respira relajadamente.

La postura del niño es una cómoda postura de descanso que te permite aquietar la mente mientras el cuerpo va relajándose profundamente. Es una *asana* equivalente a la posición fetal en varios sentidos. Ten presente la ley del mínimo esfuerzo mientras te rindes a la postura, sintiendo la sensación de seguridad interna que genera esta *asana*.

Los niños son flexibles y poseen una habilidad asombrosa de adaptarse a las situaciones, aun cuando tengan una facultad limitada para controlar el curso de sus propias vidas. A pesar de estar sujetos a la voluntad de los adultos, los niños son capaces de disfrutar en el momento presente. La flexibilidad y la adaptabilidad son valiosas cualidades que el yoga cultiva para restablecer parte de la elasticidad de la juventud.

Carl Jung afirmó que de niños tenemos una perfección inconsciente y de adultos nos volvemos conscientes de nuestra imperfección. Finalmente, con sabiduría alcanzamos un estado de perfección consciente.

La postura del niño brinda la oportunidad de calmar la mente, relajar el cuerpo y celebrar el estado de perfección consciente. Cada vez que sientas que las exigencias de la vida te pesan demasiado, adopta esta postura y deja que la ley del mínimo esfuerzo y la ley del desapego se activen de forma natural en tu interior.

EL YOGA EN ACCIÓN

El cuerpo humano está diseñado para el movimiento. Cuando puedes moverte con libertad, de forma fluida y en armonía con el entorno, experimentas gozo y vitalidad en todos los ámbitos de la vida. Esta es la expresión más elevada de la ley del *dharma*: actuar con soltura desde un estado de conciencia expandida. La práctica regular del yoga te permite expandirte y superar tus limitaciones. Al volverse el cuerpo más flexible, también se flexibiliza la mente; al adquirir el cuerpo mayor fortaleza, también se fortalece la mente; al aprender a mantener un estado centrado de equilibrio físico, te sientes más centrado y equilibrado mental y emocionalmente de forma natural.

De acuerdo con las siete leyes espirituales, posees el potencial de crear una vida magnífica repleta de sabiduría, éxito y amor. El caldero creativo de la potencialidad pura reside en tu interior, en el ámbito de silencio de donde surgen el cuerpo y la mente. Puedes acceder a este campo por medio de la quietud que cultivas en la práctica de yoga.

La alegría de vivir fluye del dar y recibir natural derivado de una conexión profunda con el espíritu. Cada respiración y cada movimiento que efectúas en la práctica de yoga favorecen que la energía vital fluya libremente entre el cuerpo personal y el cuerpo extendido, y activan de forma espontánea la ley de dar y recibir en tu vida.

La ley del karma te recuerda que cada acción tiene una reacción. Actuar de forma consciente en la práctica de yoga propicia que tus elecciones generen reacciones evolutivas tanto para ti como para quienes te rodean.

La ley del mínimo esfuerzo te propone abrirte a la posibilidad de no esforzarte tanto para conseguir tus objetivos. Cada sesión de yoga te recuerda este principio básico. Si te fuerzas en la realización de una postura, es casi seguro que al día siguiente pagarás el precio correspondiente con una disminución de la flexibilidad. El yoga es una práctica que nos enseña a vivir con delicadeza.

Tus intenciones disponen su propio cumplimiento. Cobra conciencia de la ley de la intención y el deseo al ejecutar cada postura en la práctica de yoga. Establece tus intenciones y después déjalas ir. Esta paradójica coexistencia entre la ley de la intención y el deseo y la ley del desapego se vale del poder de la naturaleza para apoyar tus aspiraciones más profundas.

Cada momento es como ha de ser. Desde el principio del tiempo y el espacio, el universo se ha desplegado a través de insondables coincidencias multidimensionales. Así pues, luchar contra lo que acontece en este momento es luchar contra todo el universo.

La práctica del yoga activa la ley del *dharma* en tu vida al enseñarte a dejarte guiar por tus sensaciones. Tu cuerpo es capaz de valorar las mejores decisiones disponibles para ti en cada momento. Simplemente has de escuchar las señales que está enviándote en su deseo de favorecer tu felicidad y tu salud.

La práctica yóguica mejora la comunicación entre la mente y el cuerpo. La claridad, la flexibilidad, la fuerza y el estado interno de equilibrio que cultivas en la práctica de las posturas te beneficiarán durante todo el día y durante toda tu vida.

8

Las siete leyes espirituales de la sesión de yoga

> *Ya tenemos lo que buscamos. Está siempre presente,*
> *y si le damos tiempo, se revelará a nosotros.*
> Thomas Merton

AHORA YA CONOCES TODOS LOS ELEMENTOS del programa «Las siete leyes espirituales del yoga». Ha sido diseñado para conducir tu mente y tu cuerpo desde un estado de profundo silencio, a través de la respiración consciente, a la realización de posturas que potencien la flexibilidad, la fuerza y el equilibrio. Una práctica vigorosa de los saludos al sol contribuirá a ejercitar tu sistema cardiovascular, mientras que los ejercicios relacionados con el control de la energía te permitirán canalizar la energía vital de forma consciente. Te proponemos que, tras la práctica de las técnicas físicas, tengas presente la ley espiritual del día durante unos minutos a fin de que te acompañe durante toda la jornada. He aquí los aspectos más importantes del programa:

Pranayama
Meditación
Posturas de flexibilidad
Posturas de equilibrio
Saludos al sol

Bandhas
Posturas de apertura energética
La ley espiritual del día

Dedica algún tiempo cada día a la práctica del yoga, como una señal de tu implicación con el bienestar de tu cuerpo, tu mente y tu alma. Cuando practiques por tu cuenta, lo ideal es estructurar la sesión del siguiente modo:

PRANAYAMA (DE 5 A 10 MINUTOS)

Comienza practicando ejercicios de *pranayama* durante cinco o diez minutos. Empieza con varias tandas de *bhastrika* o respiración del fuelle, con objeto de depurar las toxinas del organismo; a continuación, realiza tres o cuatro respiraciones *dirgha*, llevando el aire progresivamente a la zona inferior, media y superior de los pulmones; después efectúa la respiración *ujjayi* durante varios minutos, inspirando y espirando lentamente con una ligera contracción de los músculos de la garganta. Por último, acaba con *nadi shodhana* o respiración alterna manteniendo los ojos semiabiertos para favorecer la interiorización. Según la cantidad de tiempo disponible, dedica de cinco a diez minutos a la práctica de los ejercicios de respiración.

Bhastrika (de 1 a 2 minutos): respiración del fuelle
Dirgha (de 1 a 2 minutos): respiración completa
Ujjayi (de 1 a 2 minutos): respiración victoriosa
Nadi shodhana (de 2 a 4 min.): respiración purificadora

MEDITACIÓN *So Hum* (DE 10 A 30 MINUTOS)

Tras despejar los canales sutiles con los ejercicios de *pranayama*, estarás listo para acceder a un estado de conciencia más amplio a través de la meditación. Cierra los ojos y presta atención a los pensamientos durante unos momentos; a continuación, dirige la atención a cada uno de los siete *chakras*, entonando el mantra correspondiente en voz alta.

Tras activar estos puntos de unión entre la mente y el cuerpo, es hora de calmar la mente. Comienza una meditación silenciosa con la práctica de la respiración consciente utilizando el mantra *So Hum* u otra técnica que hayas aprendido para apaciguar la mente. Te animamos a aprender la meditación del sonido primordial con un profesor cualificado.

Si bien lo ideal es meditar de veinte a treinta minutos, si no te es posible, trata de dedicarle al menos diez minutos durante la sesión de yoga. Concédete unos pocos minutos al final de la meditación para estirarte y moverte suavemente antes de abrir los ojos.

POSTURAS DE FLEXIBILIDAD (DE 10 A 20 MINUTOS)

Tras haber purificado los canales y aquietado la mente, estarás listo para comenzar a mover la energía de forma consciente a través de las posturas de yoga. Empieza con las posturas de flexibilidad, dedicando uno o dos minutos a cada una de las nueve posturas presentadas.

1. Pavanamuktasana: *postura de liberación del viento*

2. Sarvangasana: *postura sobre los hombros*

3. Halasana: *postura del arado*

4. Bhujangasana: *postura de la cobra*

5. Salabhasana: *postura del saltamontes*

6. Dhanurasana: *postura del arco*

7. Janu Sirsasana: *flexión hacia delante con la pierna doblada*

8. Padmasana: *postura del loto*

9. Uttpluthi: *postura de levantamiento*

Posturas de equilibrio (de 5 a 10 minutos)

Con una mayor flexibilidad, también mejora el equilibrio. Permanece alrededor de un minuto en cada una de las seis posturas de equilibrio y fíjate en cómo la agitación mental se apacigua al encontrar tu punto de equilibrio físico.

1. Vrksasana: *postura del árbol*

2. Ekpadasana: *postura de un solo pie*

3. Trikonasana: *postura del triángulo*

4. Dandayamana Konasana: *postura del ángulo de pie*

5. Dandayamana Dhanurasana: *postura del arco de pie*

6. Garudasana: *postura del águila*

LOS SALUDOS AL SOL (DE 5 A 20 MINUTOS)

La secuencia de posturas de los saludos al sol puede practicarse de forma pausada o enérgica, si bien te recomendamos que realices estas doce posturas con brío. Comienza con seis tandas, que pueden llevarte alrededor de cinco minutos, y ve progresando gradualmente hasta practicar esta secuencia entre quince y veinte minutos. Además de estirar los músculos y las articulaciones, ejercitarás el corazón y mejorarás la circulación.

1. *Postura del saludo*

2. *Postura de los brazos hacia el cielo*

3. *Postura de las manos a los pies*

4. *Postura ecuestre*

5. *Postura de la montaña*

6. *Postura de los ocho miembros*

7. Postura de la cobra

8. Postura de la montaña

9. Postura ecuestre

10. *Postura de las manos a los pies*

11. *Postura de los brazos hacia el cielo*

12. *Postura del saludo*

BANDHAS (DE 2 A 5 MINUTOS)

En esta fase es útil practicar las técnicas de control de la energía. Comienza con el *bandha* de cierre de la barbilla, en el que espiras por completo, flexionas la cabeza hacia delante e inspiras tras la contracción de la garganta. Suelta el *bandha* tras algunos segundos y, a continuación, activa el *bandha* del abdomen, con el que elevas el estómago usando los músculos abdominales y el diafragma. Por último, despierta la energía de la base de la columna vertebral mediante la activación del *bandha* raíz, contrayendo los músculos del esfínter anal.

Jalandhara bandha (1 minuto): cierre de la barbilla
Uddiyana bandha (1 minuto): elevación del abdomen
Moola bandha (1 minuto): cierre de la raíz

Posturas de apertura energética (de 5 a 10 minutos)

Acabar la sesión de *asanas* con estas cuatro posturas de apertura energética te permite canalizar la vitalidad en todos los aspectos de tu vida. Realiza cada una de estas posturas con atención consciente, dejando que la fuerza vital fluya de forma natural por cada órgano, cada tejido y cada célula del cuerpo.

1. Matsyendrasana: *torsión de la columna*

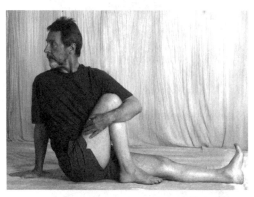

2. Chakrasana: *la rueda de rodillas*

3. Suptavajrasana: *postura del diamante*

4. Balasana: *postura del niño*

PON EN PRÁCTICA LA LEY ESPIRITUAL DEL DÍA (5 MINUTOS)

Al final de la sesión, túmbate boca arriba con los brazos a los lados y toma plena conciencia de tu cuerpo. Disfruta de las sensaciones generadas a raíz de mover la fuerza vital a través de ti de forma consciente.

Rememora la ley espiritual del día y comprométete a activarla por medio de las tres intenciones. Gracias a la expansión de la conciencia, la flexibilidad y el equilibrio generados en la práctica, la ley del día te apoyará de forma espontánea en el logro de tus deseos más íntimos

La ley espiritual del día

DÍA	LEY ESPIRITUAL	INTENCIONES
Domingo	Potencialidad pura	1. *Cultivar la quietud*
		2. *Estar en comunión con la naturaleza*
		3. *Acostumbrarte a no emitir juicios*
Lunes	Dar y recibir	1. *Practicar la conciencia de la respiración*
		2. *Cultivar la gratitud*
		3. *Reconocer tus necesidades*
Martes	Karma (causa y efecto)	1. *Ser consciente de tus elecciones*
		2. *Considerar las consecuencias*
		3. *Escuchar a tu corazón*
Miércoles	Mínimo esfuerzo	1. *Practicar la aceptación*
		2. *Aceptar la responsabilidad*
		3. *Adoptar una actitud pacífica*
Jueves	Intención y deseo	1. *Clarificar tus intenciones*
		2. *Confiar en el resultado*
		3. *Practicar la conciencia del momento presente*

Viernes	Desapego	1. *Practicar el desapego*
		2. *Abrazar la incertidumbre*
		3. *Rendirte al campo de potencialidad pura*
Sábado	*Dharma*	1. *Prestar atención al testigo silencioso*
	(o propósito vital)	2. *Reconocer tus dones*
		3. *Servir a los demás*

PRIORIZAR

Esta práctica puede llevarte de tres cuartos de hora hasta casi dos horas si incluyes todas las fases del programa; así pues, conviene que decidas por ti mismo el ritmo y la intensidad adecuados. El tiempo que le dediques te reportará beneficios físicos, emocionales y espirituales. Comprométete con este programa durante un mes y serás un yogui para toda la vida.

Conclusión

A partir de ahora, serás lo que veas.

PATANJALI

SEGÚN LA FILOSOFÍA DE LA INDIA, el yoga es un sistema en el que se obtiene conocimiento a través de la experiencia directa. Así como un científico puede averiguar la estructura molecular de una fresa; un genetista, las secuencias de ADN que subyacen en las diferentes variedades de esta fruta, y un botánico, las necesidades de tierra y agua para que prospere, el yogui prueba la fresa para conocerla.

El yoga sostiene que puedes comprender la realidad experimentando conscientemente las diferentes dimensiones de la existencia: física, mental y espiritual. Al sintonizarte con las sensaciones corporales, puedes entender el funcionamiento fisiológico; al escuchar tu diálogo interior, puedes entender la naturaleza de la mente; al trascender el cuerpo y la mente, puedes experimentar directamente tu esencia espiritual.

El yoga te anima a expandir tu identidad, de modo que puedas afrontar los retos que surjan en tu vida. Cada uno de nosotros es un personaje heroico en el campo de batalla de la existencia. La perenne historia de la vida está representada en el *Bhagavad Gita*, la obra clásica de la India en la que las fuerzas del bien y del mal moran en dos clanes de la misma familia. El clan Pandava, liderado por Arjuna, simboliza la acción correcta en consonancia con la ley natural; por el contrario, los Kauravas, dirigidos por Duryodhana, simbolizan la acción llevada a cabo con una conciencia limitada, la cual acarrea consecuencias que producen sufrimiento a las personas a quienes afecta. El relato comienza con estas dos fuerzas opuestas en el campo de batalla de la vida preparándose para el combate.

Tanto Arjuna como Duryodhana piden ayuda al Señor Krishna, quien representa el estado de conciencia expandida. Krishna les ofrece su ejército, o bien tenerlo a él mismo como auriga. Duryodhana es el primero en elegir y escoge el ejército, creyendo que el poder de la fuerza le será más provechoso, mientras que Arjuna obtiene el poder de la conciencia expandida en la forma de Krishna.

Krishna conduce a Arjuna por encima del campo de batalla, donde el guerrero le confiesa su confusión sobre cómo actuar. Por un lado, cree que tiene el deber de luchar contra sus parientes, quienes han sembrado el caos en el mundo; por otro, siente una compasión inmensa por sus tíos y primos, pues han desempeñado un importante papel en su vida. Arjuna está paralizado por este dilema. El enorme valor del yoga reside en su abordaje de este conflicto clásico entre la mente y el corazón que hemos de afrontar cada uno de nosotros en nuestra vida.

El tiempo queda suspendido mientras Krishna enseña a Arjuna la esencia del yoga, transmitiéndole que el bien y el mal, el placer y el dolor, la pérdida y la ganancia, son dos lados de la misma moneda. La propuesta del yoga consiste en trascender el ámbito de la dualidad y establecerse en un estado de ser que está más allá del tiempo, el espacio y la causalidad. Una vez consolidada esta conexión espiritual, Krishna insta a Arjuna a acudir al campo de batalla para volver a equilibrar las fuerzas de la naturaleza.

Le aconseja: «Trasciende el ámbito del bien y del mal, en

el que la vida está dominada por principios y finales. Entra en la esfera del yoga donde toda dualidad se reintegra en la unidad. Establecido en la unidad, actúa en consonancia con el *dharma*».

Este es el propósito último de la práctica del yoga, la cual te conduce al ámbito de la potencialidad pura, donde todo es posible, y activa la ley de dar y recibir, a medida que tomas conciencia del continuo intercambio que se produce entre tu energía vital y la energía vital del universo. Al flexionar y extender en las posturas de yoga, expresas la ley del karma, pues reconoces que toda acción genera una reacción proporcionada. Aplicas la ley del mínimo esfuerzo cuando te rindes a cada postura y te relajas en lugar de forzarte. Al combinar la ley de la intención y la ley del desapego, el yoga demuestra que reconocer tu deseo y dejar que la naturaleza se encargue de su cumplimiento potencia al máximo los logros y minimiza el esfuerzo. Por último, moverse con gracia, sensibilidad y conciencia es el modo de vivir la ley del *dharma*, por lo que las acciones ejercen un efecto positivo en ti y en tu entorno.

Cualquier motivo es bueno para practicar yoga. Mejorar la flexibilidad y liberar el estrés son razones tan nobles como el deseo de despertar la espiritualidad. Este es el gran regalo del yoga: nos sirve y nutre en todos los niveles de nuestro ser y contribuye de forma natural a un mayor bienestar en todos los ámbitos de la vida.

La práctica del yoga se merece tu tiempo y atención. El yoga te ayudará a descubrir en tu interior dones de paz, armonía, alegría y amor que habían permanecido ocultos desde tu infancia.

Lecturas recomendadas

DE DEEPAK

Las siete leyes espirituales del éxito. Madrid: Edaf, 1996.
Conocer a Dios. Barcelona: Debolsillo, 2006.
The Spontaneous Fulfillment of Desire. Nueva York: Harmony Books, 2003.

DE DAVID

The Wisdom of Healing. Nueva York: Three Rivers Press, 1997.
Return to Wholeness. Nueva York: John Wiley & Sons, 1999.
Vital Energy. Nueva York: John Wiley & Sons, 2000.

DE NUESTROS MAESTROS

Aurobindo, Sri. *Guía del Yoga Integral*: Barcelona: Plaza & Janés Editores, 1989.
Frawley, David. *Yoga y Ayurveda*. Barcelona: Ediciones Ayurveda, 2012.

Iyengar, B. K. S. *Luz sobre los Yoga Sutras de Patanjali*. Barcelona: Kairós, 2003.

Maharaj, Nisargadatta. *Yo soy eso*. Málaga: Sirio, 2000.

Osho. *Meditación: la primera y la última libertad*. Barcelona: Grijalbo, 2005.

Sankara. *Viveka Chudamani. La joya suprema del discernimiento*. Madrid: E.L.A, 2013.

Saraswati, Swami Satyananda. *Asana Pranayama Mudra Bandha*. Munger, Bihar, India: Yoga Publications Trust, 1996.

Venkantesananda, Swami. *The Concise Yoga Vasishta*. Albany, Nueva York: SUNY Press, 1985.

Índice temático

Los números de página en cursiva hacen referencia a las ilustraciones.

El Chopra Center

Los doctores Deepak Chopra y David Simon fundaron el Chopra Center For Well Being en 1994, haciendo realidad el sueño de crear un espacio que se centrara en potenciar la salud y nutrir el espíritu. Situado dentro del complejo La Costa Resort & Spa, el centro ofrece una amplia variedad de programas individuales y grupales sobre medicina holística, terapias de sanación y desarrollo personal. El Chopra Center integra lo mejor de las tradiciones curativas occidentales y naturales, y proporciona un enfoque novedoso a las necesidades de la asistencia sanitaria moderna. Bajo la dirección de los doctores Chopra y Simon, los visitantes participan activamente en talleres y seminarios que nutren, limpian y elevan física, emocional y espiritualmente.

Los visitantes, además, pueden hacer uso del Chopra Center Spa, en el que se fusionan técnicas holísticas antiguas con innovadores tratamientos naturales que activan, rejuvenecen y sanan. Los tratamientos de spa del centro han sido diseñados por los doctores Chopra y Simon y están fundamentados en los principios perennes del *ayurveda*, el sistema de sanación de la India que cuenta con unos cinco mil años de antigüedad.

Para obtener más información sobre el programa «Las siete leyes espirituales del yoga» del Chopra Center, así como de todos nuestros talleres, seminarios, servicios y productos destinados a la sanación y la transformación, visítanos en www. chopra.com, escríbenos a yoga@chopra.com, o bien llámanos al (888) 424-6772.

Otras publicaciones de
Gaia ediciones

Gaia ediciones

CURACIÓN CUÁNTICA

El viaje más allá de ti

DEEPAK CHOPRA

El cuerpo humano está controlado por una fina y sutil «red de inteligencia» cuyas raíces se asientan en la realidad cuántica, una realidad profunda que modifica incluso los patrones básicos que rigen nuestra fisiología y que nos brinda la posibilidad de curarnos.

PODER GRACIA LIBERTAD

La fuente de la felicidad permanente

DEEPAK CHOPRA

¿Quén soy?... ¿De dónde vengo?... ¿Adónde iré cuando muera?... Chopra se inspira en la antigua filosofía del Vedanta y en los descubrimientos de la ciencia moderna para ayudarnos a comprender y experimentar nuestra verdadera naturaleza, que es un ámbito de consciencia pura.

CAMINO A LA FELICIDAD

DEEPAK CHOPRA, KRISTINA TRACY, Y ROSEMARY WOODS,

¿Te gustaría poder enseñar a tus hijos siete sencillas lecciones que les ayuden en su camino hacia una vida feliz y próspera? Deepak Chopra te ayudará a hacerlo con este libro.

Las ideas que encontraréis en estas páginas se basan en leyes intemporales del universo, expuestas a los niños con términos muy sencillos.

Gaia ediciones

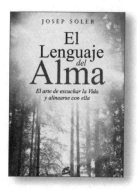

EL LENGUAJE DEL ALMA

El arte de escuchar la vida y alinearse con ella

JOSEP SOLER SALA

En *El lenguaje del alma* descubrirás que la respuesta es definitivamente SÍ: sí, la Vida es sabia; sí, todo lo que ocurre en la vida y en el cuerpo tiene sentido; y sí, hay alguien que siempre está ahí para nosotros, y ese alguien es nuestra alma.

MORIR PARA SER YO

Mi viaje a través del cáncer y la muerte hasta el despertar y la verdadera curación

ANITA MOORJANI
Prólogo Del DR. WAYNE W. DYER

Un relato esclarecedor de lo que nos aguarda tras la muerte y el despertar final. Uno de los testimonios espirituales más lúcidos y poderosos de nuestro tiempo.

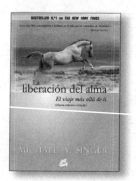

LA LIBERACIÓN DEL ALMA

El viaje más allá de ti

MICHAEL A. SINGER

Best seller del New York Times que destila la esencia de las grandes tradiciones espirituales; una inspiradora meditación sobre las ataduras de la condición humana y sobre cómo desprendernos de los bloqueos que nos aprisionan.

Para más información
sobre otros títulos de
GAIA EDICIONES

visita

www.alfaomega.es

Email: alfaomega@alfaomega.es
Tel.: 91 614 53 46